아무 걱정하지 말아요.
결국 사랑이
당신의 삶을 가득 채웁니다.
이렇게 말해보세요.
"나는 만족합니다.
내 삶은 멋지고 완벽했어요."

감사해TL♥

돈의 신에게 배우는 머니 시크릿

돈도 운도 없던 인생에 찾아온
기적의 부자수업

돈의 신에게 배우는
머니 시크릿

· 김새해 지음 ·

비즈니스북스

돈의 신에게 배우는 머니 시크릿

1판 1쇄 발행 2022년 9월 6일
1판 2쇄 발행 2022년 9월 8일

지은이 | 김새해
발행인 | 홍영태
편집인 | 김미란
발행처 | (주)비즈니스북스
등 록 | 제2000-000225호(2000년 2월 28일)
주 소 | 03991 서울시 마포구 월드컵북로6길 3 이노베이스빌딩 7층
전 화 | (02)338-9449
팩 스 | (02)338-6543
대표메일 | bb@businessbooks.co.kr
홈페이지 | http://www.businessbooks.co.kr
블로그 | http://blog.naver.com/biz_books
페이스북 | thebizbooks
ISBN 979-11-6254-298-9 03190

*
*
*

제게 글 읽는 법을 알려주시고

뭐든 할 수 있다고 응원해주신 부모님과

항상 힘이 되어준 가족들에게 이 책을 바칩니다

*
*
*

부자의 세계로
기꺼이 오세요!

잘 살고 싶지 않은 사람이 있을까요? 눈치 보면서 사는 삶, 노력하지만 성과가 없는 삶, 남들과 비교하며 스스로를 깎아내리는 삶을 살고 싶어 하는 사람은 없을 겁니다.

그렇다면 행복한 부자로 풍요롭게 사는 방법은 무엇일까요?

우리 모두에겐 밤낮 없이 떠들어대는 목소리가 있습니다. "좀 더 잘할 걸", "과연 잘해낼 수 있을까?", "아무리 해도 안 될 것 같아. 난 너무나 부족한 게 많아."……

우리는 이런 소리에 너무나 익숙해져서 그것을 '내 생각'이라고 여깁니다. 이 목소리를 듣다보면 어딘지 모르게 안개가 낀 것 같다는 생각이 듭니다. 나도 모르게 과거를 붙들고 놔주지 않으며, 계속해서 미래를 걱정하게 됩니다. 이 소리를 반복해서 듣다보면 자신이 훨씬 더 크고 위대한 존재라는 걸 잊어버리고 맙니다. 만약 이 생각을 없앨 수 있다면, 당신의 삶은 어떻게 달라질까요?

주인공 하루는 평범한 워킹맘입니다. 그런데 어느 날 회사 연수 때문에 가게 된 리조트에서 천사 '이레'를 만납니다. 그리고 그를 통해 진짜 삶을 배웁니다. 우리가 갇힌 스윙월드의 실체에 대해, 그리고 그곳을 떠나 레인보우월드로 가는 법에 대해 알게 됩니다. 스윙월드는 흔들리는 그네처럼 불안정한 세상이며, 레인보우월드는 무지개처럼 찬란하고 아름다운 세상입니다.

하루는 이레와 만나 세상을 보는 관점이 완전히 바뀝니다. 이제껏 자신을 힘들게 한 '거짓의 실체'를 알아차리고 새 삶을 사는 법을 배웁니다. 평범한 일상을 꾸준히 쌓아가면서 풍요로운 현실을 만드는 비밀을 알게 됩니다.

이 책은 햇살처럼 걱정을 어루만져줍니다. 과거에 대한 집착과 미래에 대한 두려움에서 벗어나도록 도와줍니다. 책의 스토리를 자신의 삶에 대입해보면서 곱씹으며 읽어보길 권합니다. 하루의 에피소드를 통해 어떤 감정이 올라오는지 주의 깊게 살펴보세요. 잘 들여다보는 것만으로도 억눌려 있던 감정을 해방시킬 수 있습니다. 그러면 복잡한 마음이 사라지고 점차 맑아지게 됩니다.

이 책을 반복해 읽다보면 살아가면서 품었던 의문들을 풀어낼 수 있게 될 것입니다. 무엇보다 당신이 누구이며 무엇을 위해 태어났고 어떻게 살다 어디로 가는지 잘 알 수 있게 됩니다.

책을 읽다보면 우리가 살아가는 모든 순간이 기적이란 걸 깨닫게 됩니다. 이 책의 목적은 내면을 바라보고 경험하게 하는 데 있습니다. 가장 좋은 때에 가장 좋은 것이 옵니다. 스윙월드를 떠나 레인보우월드에 머무세요. 자신의 삶에 더 좋은 것을 초대하세요.

스윙월드를 벗어나 '지금 이 순간'에 고요히 머무를 때 당신은 비로소 근원의 소리를 듣게 될 것입니다.

미라클 리조트에

당신을 초대합니다!

제1장
✳

당신의 감정이
당신의 현실을 끌어당긴다

돈을 끌어오는 스타일로
지금 바로 변신하는 법

제2장

너덜너덜해진 마음을
리셋하는 비밀 레시피

제3장

제4장

당신이 돈에게
느끼는 감정이 중요하다

제5장

당신은 우주 최고로
소중한 존재다

제6장

평생 행복한 부자로 사는 머니 시크릿

삶을 살아가는 데는 2가지 방법이 있다.
첫째, 이 세상에 기적이란 절대 없다고 여기며 사는 것.
둘째, 살면서 만나는 모든 것이
기적이라고 여기며 사는 것이다.

_앨버트 아인슈타인

당신의 감정이
당신의 현실을 끌어당긴다

그땐 다들
나처럼 사는 줄만 알았다

열심히 일해도 왜 손에 쥐는 건 없지?

어른들 눈치를 잘 아는 아이. 시키지 않아도 척척 할 일을 하고 부모를 돕는 싹싹한 아이. 나는 그런 아이였다. 생글생글 웃는 얼굴 뒤에는 긴장한 어깨와 움츠린 등줄기가 감춰져 있었다. 집안은 전쟁터처럼 긴장 상태였다. 아버지는 아무리 기분을 맞춰도 불쑥 화를 내고 밥상을 엎었다. 그때마다 온 식구가 쥐죽은 듯 복종했다. 나보다 2살 많은 오빠는 처음엔 눈치를 보다 점점 아버지처럼 난폭해졌다.

어머니는 따뜻한 사람이었지만 아버지 비위 맞추느라 기운이다 빠져서 내게 나눠줄 온기가 남아 있지 않았다. 어머니는 평생 내게 아버지 눈치 보는 법을 알려주었다. 현명한 일이었다. 눈치는 내게 생존 수단이 되어줬다. 나는 아버지와 오빠를 무서워하면서도 그들에게 의지했고 최대한 맞추려 노력했다.

맞벌이하는 어머니 대신 집안일부터 가게 일까지 쉬지 않고 도왔다. 대학 다닐 때에도 온갖 아르바이트를 해서 돈을 벌어 보탰다. 심지어 부모님 가게가 망해서 가족 모두가 나만 바라보던 때도 있었다. 나는 늘 부지런하고 싹싹하게 가족을 잘 돌보는 장한 딸이었다.

그때는 세상 사람들 모두 나처럼 사는 줄 알았다. 밤낮도 주말도 없이 쉬지 않고 닥치는 대로 일했다. 그렇게 일하는데도 늘 돈이 없었다. 혹시 돈이 좀 생겨도 꼭 나갈 데가 생겼다. 어렸을 때부터 비뚤어지기 시작한 오빠는 자주 사고를 쳐서 돈을 물어주게 했다. 돈은 손가락 사이로 쑤욱 빠져나가는 모래 같았다. 밑 빠진 독은 아무리 채워도 소용없었다.

서른이 넘어 사랑하는 사람이 생겼다. 결혼하고 싶어 통장을 보니까 겨우 200만 원 있었다. 그게 창피해서 더 깊어지지 않으려고 도망 다니기도 했다. 사랑만 해도 모자랄 시간에 돈 사정을 들킬까 안절부절못했다. 상황을 다 알고는 그는 괜찮다며 그래도 결혼하자고 해줬다. 결혼을 준비하며 그나마 있던 돈은 전부 아프리카 우물파기 후원금으로 보냈다. 그때는 그렇게 해야 한다고 믿었다.

착한 사람이라는 소릴 듣고 싶었던 것 같다. 그게 뭐가 그리 중요했을까?

없는 살림으로 신혼생활을 시작했다. 남편과 함께 사는 것은 좋으면서도 어색했다. 아버지가 짱돌이라면 남편은 물렁물렁 순두부 같았다. 더 이상 누구 눈치를 보지 않아도 된다는 건 낯설고 이상한 일이었다. 아무 일 없어도 갑자기 불안한 마음이 들었다. 혼자서 전쟁터를 만들어 실체도 없는 상대와 싸웠다. 남편 일이 잘 풀리지 않거나 강도가 들거나 가족이 아플지도 모른다는 상상을 했다. 매일같이 감정이 널을 뛰었다.

사랑받고 대접 받는 건 너무 어색해

남편이 무심코 손이라도 들면 양손으로 머리를 가리며 물었다. "나 때릴 거야?" 남편은 의아해하며 되물었다. "내가 왜 널 때려?"

내가 왜 이럴까 생각하다가 어릴 적에 국을 쏟아서 아버지한테 따귀를 맞았던 기억이 떠올랐다. 그때부턴 남자 손이 얼굴 근처로 오면 자동적으로 몸이 움츠러들었다.

남편이 너무 잘해줘도 어색했다. '내가 이런 대접을 받아도 되나?', '이 사람이 왜 이러는 거지?' 의심부터 들었다. 어떨 땐 가만히 있는 남편이 왠지 모르게 아버지나 오빠처럼 보이기도 했다. 그러면 남편이 그렇게 밉고 싫었다. 별 것 아닌 일로 악을 쓰며 대들기도 했다. 그때의 내 모습은 어머니한테 소리 지르던 아버지와 똑

같았다. 나는 사랑받는 법을 몰랐다. 사랑을 받아들이기에는 내면의 상처가 너무 많았다. 남편은 그때마다 별 말없이 안아주었고 나는 그제야 참아온 울음을 터뜨릴 수 있었다.

결혼한 지 1년쯤 되었을 때 선물처럼 아기가 생겼다. 나는 유독 입덧이 심했다. 매 끼니마다 열 번 가까이 토해 목구멍이 다 헐었다. 잘 먹지 못하니 기력이 없고 어지러워 거동이 힘들었다. 치약, 샴푸, 비누 같은 향기만 맡아도 토했다. 소금으로 이를 닦고 맹물로만 씻으니 지저분하기 짝이 없었다.

젊은 색시는 사라지고 매일 약하고 못생겨지는 환자만 남았다. 고맙게도 남편은 나에게 다 맞춰주었다. 하지만 나를 대신해 아파줄 순 없었다. 날이 갈수록 마음이 약해졌다. 제대로 먹지 못한 지 5개월이 넘자 이러다 죽을지도 모른다는 공포가 엄습했다.

만약 내가 죽으면 어떨까 상상도 해보았다. 죽는 것은 두렵지 않았다. 남겨진 사람에 대한 미안함이 더 컸다. '내가 죽으면 아버지는 누가 돌보나? 오빠가 사고 치면 누가 수습하지? 착한 남편 밥은 누가 차려주지? 갓 태어난 우리 아가는 누가 키워줄까?' 이런 생각을 하면 눈물이 멈추지 않았다.

푸념과 한탄만 남겨줄 순 없잖아

평생 누구에게 도와달라는 말을 해본 적이 없는데 그땐 달랐다. 기댈 것이 오직 신밖에 없었다. 눈만 뜨면 제발 도와달라고 빌고 또

빌었다. 그런데 아무것도 바뀌지 않고 오히려 상태가 나빠졌다. '신이 뭐 이러냐!'며 원망했다. 그럴수록 몸은 더 나빠졌다. 내 기도를 듣는 신은 축복 대신 벌만 주는 무서운 분 같았다.

어느 날 일기장을 보니 부정적인 표현이 한 가득이었다. '내가 죽는다면 아이에게 남겨질 엄마 유품이 이게 되겠구나!' 정신이 번쩍 들었다. 그때부터 전부 다 반대로 적기 시작했다. 너무 아픈 날엔 '곧 지나간다'고 적었다. 지치고 포기 하고 싶은 날엔 '엄마가 힘낼게 아가도 힘내'라고 적었다. 죽고 싶은 날엔 '아기와 행복하게 잘 살고 싶다'고 적었다. 임신해서 죽을 것 같단 표현 대신 '아기를 가져 너무 좋다', '결혼해서 행복하다', '살아있어 기쁘다.' '모든 것에 감사한다'고 썼다. 일기장에 쓰는 글은 시간이 지날수록 단순해졌다. '감사합니다. 행복합니다. 제가 없어도 사랑하는 사람들을 잘 지켜주세요!'

그렇게 마음을 바꾼 지 100일 정도…. 임신 8개월 무렵부터 증세가 점차 나아지기 시작했다. 조금씩 죽을 먹게 되고 나중엔 밥과 과일까지 먹을 수 있었다. 어지럼증도 사라지고 스스로 걸을 수 있게 됐다. 마침내 출산일이 되어 긴 산고 끝에 아기를 품에 안았다. 머리카락이 거의 없고 불그죽죽 회색빛을 띤 아기를 품에 안자 감사하다는 기도와 눈물이 절로 나왔다.

남들 다 가는 산후조리원엔 갈 수 없었다. 가뜩이나 병원비를 많이 써서 남편한테 미안했다. 쇠고기를 넣어 미역국을 끓여먹는 것도 사치로 여겨졌다. 미역을 기름에 달달 볶아 국을 끓여 먹었다. 어머니는 아이 낳고 시어머니가 끓여준 미역국이 뻣뻣했다고 평생을 원망하셨다. 하지만 내겐 그런 미역국조차 끓여줄 사람이 없었다. 시어머니는 아프셨고 엄마는 돌아가셨다. 엄마가 살아계셨다면 얼마나 좋았을까.

난 왜 원하는
삶을 살지 못할까?

세상은 네 행복 따위엔 관심 없어

기적적으로 아이를 낳고 나니 너무 기쁘고 행복했다. 누구한테든 자랑하고 싶었다. 남편은 영업으로 새벽부터 밤까지 전화에 시달렸고 친정 식구들은 먹고 사는 데 바빠 내게 관심이 없었다. 지방에서 장사 하는 시부모님은 아기 얼굴만 잠깐 보고 바로 가셔야 했다. 마음을 표현할 곳이 없어 SNS에 아기 사진을 계속 올렸다. 그랬더니 자기는 결혼도 못했는데 염장 지르느냐고 항의하는 댓글이 달렸다. 소심해져서 사진을 내리고 말았다. 아기를 재우고 김치에 찬밥을 우겨 넣으며 소리 없이 울었다. 세상은 내 행복 따위엔 관심이 없었다.

　행복한 마음과는 달리 경제사정은 더 어려워졌다. 분유, 기저귀, 유모차 등 돈 쓸 곳은 어찌나 많은지. 눈 뜨면 뭘 줄일까만 생각했다. '내 휴대전화를 해지할까? 케이블TV를 끊을까? 보험을 전부 해지할까?' 마른 걸레를 쥐어짜듯 줄일 걸 찾았다. 수입은 빤하고 내 손발은 묶여 있으니 더욱 남편에게 의지할 수밖에 없다. 남편 안색을 살피면서 지레 겁을 먹고 발을 동동 구르며 불안해하는 날이 많았다.

　돈을 아껴야 한다는 불안에 제대로 먹지 못하고 안 쓰며 버티는 제일 가난했던 때, 둘째까지 태어났다. 미안한 마음에 더 허리띠를 졸라맸다.

가난은 궁핍의 냄새를 기가 막히게 맡아

남편은 월급만으로 가족을 부양할 수 없다고 생각해 다니던 회사를 그만두고 사업을 시작했다. 그런데 사업은 외줄타기처럼 불안했다. 새벽같이 나가서 밤늦게 들어오는 남편의 얼굴색이 너무 안 좋아 보였다. 결국 1년이 안 돼 사업을 접었다. 빚이 더 늘었다. 돈에 이자가 붙듯이 가난에도 이자가 붙었다.

　그때부턴 더더욱 100원 한 푼 허투루 쓸 수 없었다. 가족들 머리카락을 직접 잘라주고 집에선 낡은 티를 입었다. 외출할 때면 아이 둘을 안고 업고 대중교통을 이용했다. 슈퍼가 보이면 아이가 군

것질거리를 사달라고 할까봐 길을 빙 돌아갔다. 내 사정을 알 리 없는 친정가족에게서 가끔 돈 빌려달라는 연락이 왔다. 돈 없단 말을 차마 못하고 둘러대며 거절하고 나면 가슴이 턱 막히고 머리가 아팠다.

난 단 한 번도 게으르게 살지 않았다. 방황하며 쇼핑, 오락, 연애로 허송세월을 보내지도 않았다. 한 순간도 한눈판 적 없이 매일 아끼며 노력했다. 그런데도 삶은 나아질 것 같지 않다.

어느 날 엘리베이터 거울에서 내 모습을 보았다. 불안한 눈동자, 목 늘어난 티, 머리는 감지도 못해 대충 묶고 피부상태도 엉망이다. '이제 겨우 서른 중반인데 왜 이렇게 늙었지?'

아이들에게도 나와 똑같은 삶을 물려줄까 두렵다. 두려움과 불안이 매일 더 강하게 조여들었다. 이대로라면 희망은 없다.

절대 부모님처럼
살고 싶지 않았다

부모가 만든 세상에 갇힌 나

나는 궁금했다. 부모님이 죽기 살기로 모았던 그 돈은 다 어디로 간 걸까? 어린 시절 부모님의 크고 작은 다툼은 늘 '돈' 때문이었다. 돈이 잘 벌려도 싸웠고 망했을 때에도 싸웠다. 잘 될 때에는 '내 덕에 잘된 건데 알아주지 않는다'며 싸웠다. 안 될 때에는 '너 때문에 망했다'고 손가락질하며 싸웠다.

　나는 보탬이 되겠다는 일념으로 도왔지만 아버지 가게는 결국 망하고 말았다. 그 뒤론 아르바이트를 전전하며 살았다. 한 번도 멈추지 않고 뛰었는데 문득 고개를 드니 제자리인 기분이었다. 열심히 살면 한발 앞서 있을 줄 알았는데 남들 꽁무니에 서 있었다. 뭔가 바뀌어야 했다.

　아이들을 어린이집에 맡길 수 있을 때가 되자 나도 팔을 걷고 맞벌이에 나섰다. 학자금 대출도 남아 있고 전세 대출금, 생활비, 양육비, 경조사비, 양가 용돈까지 나가면 생활은 늘 마이너스다. '집은 살 수 있을까?' 상상도 할 수 없는 일이다. 부동산 가격은 계속 올랐다. 아무리 아끼고 모아도 절대 닿을 수 없는 곳으로 집들은 계속 도망친다. 집장만의 꿈은 점점 더 멀어져간다.

저들과 나는 다른 종족인가?

나는 어렵사리 인터넷 쇼핑몰 회사에 취직했다. 인정받고 싶다는 욕심에 남들보다 더 열심히 일했다. 저녁이면 피곤에 절은 몸으로 어린이집에서 데려온 아이들을 끌고 놀이터로 향한다. 충분히 놀게 하지 않으면 밤늦게까지 뛰고 잠도 자지 않아서다. 곁눈질로 아이들 노는 모습을 보며 노트북으로 밀린 일처리를 한다. 집에 들어가도 쉴 수는 없다. 티도 안 나고 끝도 없는 집안일을 해야 한다.

　한번은 둘째가 아프단 소식에 급히 어린이집으로 향했다. 평일 11시였던 걸로 기억한다. 빨리 진료를 보고 회사로 복귀해야 해서 마음이 급했다. 아이를 업고 병원에 가다 내 눈을 의심했다. 브런치 카페와 레스토랑이 있는 고급 식당가에서 우아하고 아름다운 사람들이 여유롭게 담소를 즐기며 음식을 먹고 있었다.

'저 사람들은 일도 안 하고 지금 이 시간에 어떻게 저러고 있지? 나와 다른 종족인가?' 망치로 머리를 맞은 것처럼 눈앞이 아득해졌다. 나도 너무 목이 마르고 배도 고팠다. 그러나 저기 앉아 고급 음식을 즐길 시간도 돈도 여유도 없다. '저 사람들은 나랑 뭐가 다른 걸까? 무슨 복을 타고 났기에? 씨팔!' 나도 모르게 입에서 욕설까지 튀어나왔다. 속이 뒤틀리며 화가 밀려왔다.

나는 부모님을 닮고 싶지 않았다. 늘 피곤에 찌들어 미간을 찌푸린 아버지의 얼굴이 싫었다. 아버지 눈치를 보며 굽실거리던 어머니의 모습이 싫었다. 그런데 어느덧 나는 부모님과 똑같아져 있었다. 피로에 절어 미간을 찌푸린 채 온갖 눈치를 보며 굽실거리며 살고 있었다.

가난에도 구질구질
이자가 붙더라

미라클 리조트에 첫 발을 딛다

회사에서 갑자기 2박 3일 연수에 참가하라는 지시가 내려왔다. 관련 협회에서 여는 연례 세미나다. 시간만 채우면 되는 필수교육 과정이라 대다수 회사들은 말단 계약직이나 막내 직원을 보낸다. 제법 근사한 리조트에서 열리니 휴가 삼아 다녀오라 한다. 선심이라도 쓴다는 말투다. 그러나 휴가와 연수는 다르지 않은가?

게다가 골치 아픈 강의를 들은 뒤 시험도 봐야 해서 아무도 가고 싶어 하지 않는 걸 나는 안다. 주말을 끼고 열리기 때문에 휴일도 반납해야 한다. 세미나에 간다고 밀린 업무를 누가 대신해주는 것도 아니다. 결국 수당 없는 추가 근무인 셈이다.

나는 아이들 핑계를 댔다. 하지만 다른 직원들은 저마다 더 중요한 이유가 있었다. 사장님은 이번에 다녀오면 나중에 정직원 전환 때 참고하겠다고 했다. 계약직인 나는 감히 거절할 수 없었다.

집과 아이들이 걱정됐지만 막상 리조트 주차장에 버스가 도착하자 기분이 좋아졌다. 평소라면 일에 찌들어 있을 금요일. 공기좋고 아름다운 리조트에 와 있다. 며칠 동안 집안일은 잊고 조용히 지내는 것도 나쁘지 않다.

이때는 몰랐다. 바로 이곳에서 내 인생을 바꾸어놓을 놀라운 2박 3일이 시작되리라는 것을.

천사 이레의 목소리를 처음 듣다

간단한 오리엔테이션을 마치고 자유시간이 주어졌다. 오후 세미나는 2시부터 시작이다. 그 사이 짐을 풀고 리조트를 둘러보기로 했다. 이미 서로 얼굴을 아는 사람들도 있는지 모여서 수다를 떨기도 한다. 하지만 나는 그런 데 시간을 쓸 여유가 없다. 이왕 리조트에 온 김에 최대한 혼자만의 시간을 많이 가져야 한다. 휴양지라는 이름이 붙은 곳에 온 것은 평생 손에 꼽을 정도다. 간혹 어린이날이나 휴일에 아이들을 데리고 워터파크나 동물원에 가도 절대 쉬는 것은 아니다.

대기업의 연수원이기도 한 리조트는 녹지공간이 잘되어 있었다. 세미나장과 숙소가 있는 유럽풍의 본관 건물을 나오면 탁 트인 정원이 펼쳐진다. 아름다운 조각이 있는 중앙 분수대가 나오고 그 주변으로 둥글게 등나무 벤치들이 겹겹이 둘러싸여 있다.

중앙 분수대에서 연결된 길을 따라 가면 각각 특색을 살린 공간들이 있다. 약도를 보니 북쪽으로 가면 머리 높이까지 잘 다듬은 활엽수로 만들어진 미로정원이 있다. 동쪽으로 가면 야트막한 언덕과 연결되어 있는 산책로가 있고 서쪽으로 가면 유리온실이 딸린 야생화 꽃밭이 있다고 한다. 남쪽에는 탁 트인 정원에 장미, 튤립, 국화 등이 시즌별로 핀다. 초여름인 지금은 장미가 한창일 것이다.

2시까지 다시 세미나장으로 가야 했기에 시간이 많지 않다. 분수대 주변 등나무 벤치 중에서 가장 사람들 눈에 띄지 않는 곳을 골라 자리를 잡았다. 등나무 꽃이 축축 늘어져 있어 몰래 숨어 자고 있어도 아무도 모를 것 같다. 나무줄기에 등을 기대고 벤치에 다리를 쭉 뻗고 앉았다. 허리춤에 끼웠던 노트북을 꺼내 이메일을 확인하고 급한 답장을 했다. 메신저로 지시사항을 체크하고 노트북을 탁 닫았다.

등나무 꽃향기가 달콤하게 코를 적신다. 숨을 크게 들이마시고 다시 내뱉는다. 잠시 휴식을 즐겨도 좋으련만 불현듯 생각이 머리를 스친다. 휴대전화를 열어 뱅킹에서 잔고를 체크해본다. 메모장에 쓰인 지출 목록과 잔고를 맞춰본다. 다음 주부터 줄줄이 나갈 금액들이다. 갑자기 멍해진다. 이제 어떻게 살지?

모든 게 늘 간당간당하다. 게다가 전세 만기도 야금야금 다가오고 있다. 분명 이번에도 전세금을 올려줘야 할 텐데 모아둔 돈도 없다. 또 이사 가야 하나?

아무리 열심히 계산기를 두드려도 내 인생 손익계산서엔 답이 없다. 물려받을 재산도 없고 재테크 공부도 안 돼 있다. 사업으로 불같이 일어날 희망도 없다. 월급쟁이 쳇바퀴로는 죽었다 깨도 답이 없다. 사는 게 살얼음판 같다. 거리를 지나다 바닥에 눌러 붙은 씹던 껌을 봤다. 단물이 쪽쪽 빨리고 나면 버려지는 신세가 나랑 똑같다. 사장들은 늘 속셈이 있었다. 조금만 버티면 정규직을 줄 것처럼 말했다. 쓸모를 증명하려고 나는 오버해서 일했다. 하지만 과로로 몸이 상하거나 경기가 나빠지면 가차 없이 해고당했다. 아이들은 커가고 남편과 나는 나이를 먹고 있다. 깊은 절망감을 느끼며 처절한 한숨이 뿜어져 나왔다.

'휴……, 정말 이런 식으로 계속 살 수 있을까?'

그때였다. 어디선가 깊은 바다처럼 잔잔한 음성이 들려왔다.

"괜…찮……아요."

이게 무슨 소리야? 두리번거리며 주위를 살핀다. 분명 등나무 벤치 주위에는 아무도 없다. 누가 나를 보고 있기라도 한 건가? 갑자기 온몸에서 땀이 나기 시작한다.

알아요?
당신 참 근사한 사람인 거?

쓸모가 없어지면 버려질 거야

어른이 될 때까지 내가 삶에서 받은 선물은 의심과 두려움이었다. 낯선 것은 의심부터 하고 본다. 조심해서 나쁠 건 없다. 그런데 부르는 목소리가 계속 들린다. "안녕하세요. 저 여기 있어요!"

일어나 벤치 주위를 둘러본다. 아무도 없다. 반경 수십 미터에 사람은 없다. 그런데도 계속 소리가 난다. "안녕하세요? 여기요, 저 여기 있어요."

이상하다. 소리가 들리는데 들리는 것이 아니다. 소리가 아니라 피부로 곧바로 전달되는 느낌? 표현할 방법이 없다. 귀로 듣고 머리로 해석하기도 전에 몸 안에서부터 울리는 소리다. 마치 심장에서 들리는 것처럼. 이런 방식의 대화가 익숙하다. 왜 익숙할까? 내가 이걸 언제 경험했더라? 기억을 더듬어본다.

놀이터에서 그네를 타던 어린 내 모습이 떠오른다. 11살 무렵 동네 놀이터에는 30미터가 넘는 플라타너스 나무가 있었다. 힘든 일이 있으면 그곳으로 향했다. 플라타너스 나무 아래서 한참 울면서 그네를 타면 기분이 나아지곤 했다. 놀이터 입구에서 나뭇잎이 보이기만 해도 반가워서 손을 흔들곤 했다.

나뭇잎은 바람에 흩날리며 내게 말을 건네는 것 같았다. "반가워", "사랑해", "환영해", "기다렸어", "행복해"…. 세상에서 나를 환대해주는 건 나무뿐이었다. 그래서 자주 나무를 찾아갔다. 내가 말하지 않아도 나무는 모든 걸 알고 있는 듯했다. 온 세상이 나를 미워하는 것처럼 느껴질 때에도 나무는 내 유일한 친구가 되어주었다.

나는 나무를 끌어안고 멍하니 잎사귀를 바라보았다. 그것만으로도 충분했다. 음성으로 표현되지 않지만 그보다 훨씬 더 섬세하고 많은 내용을 담고 있는 이야기….

어른이 되어 바쁘게 사느라 한참 만에 다시 놀이터를 찾았더니 나무는 없어지고 커다란 빈 구덩이만 있었다. 남편은 나무가 어디론가 옮겨 심어졌을 거라 위로했지만 너무도 슬펐다.

왜 이 기억이 떠오른 걸까? 수많은 물음표가 지나갈 때 다시 목소리가 들려왔다. "긴장하지 말아요. 괜찮아요. 여기 보세요. 저 여기 있어요."

깊은 산속 계곡물 소리처럼 맑고 청량한 목소리다. 누군가 이어폰을 끼어줘서 귀로도 들리고 심장 근처에 파동기기를 연결해줘서 가슴으로도 울리는 것 같다. 이런 신비한 경험이라니! 가슴으로도 귀로도 다 들린다. 맞다! 기억이 난다. 아이들을 낳을 때에도 이랬다. 아이가 자궁에서 산도를 통과할 때 다른 사람 귀에는 들리지 않아도 나는 아기와 온몸으로 대화했다. 대화를 통해 아기가 얼마나 애쓰고 있는지 알았다. 그래서 뼈가 벌어지고 살이 찢어지는 고통 중에도 끝까지 포기하지 않았다.

나는 당신의 수호천사 이레입니다!

소리는 의외로 아주 가까운 곳에서 들렸다. 앉아 있던 벤치 바로 옆자리다. 반사적으로 그쪽으로 몸을 돌렸다.

눈을 뜰 수 없는 강한 빛과 함께 누군가 보인다. 눈을 게슴츠레 떴다 감았다 했다. 머리부터 발끝까지 흰옷을 입은 장발의 존재가 서 있다. 갓 내린 눈보다 더 희다. 세상에 이런 흰색이 존재할까? 모든 빛이 만나서 만들어진 티끌 하나 없이 온전한 흰색이다. 어떤 세탁소 기술로 표백하고 어떤 신기한 실로 짜도 나올 수 없는 흰색이다. 언뜻 보아 성별을 알기 힘들다. 너무 눈이 부시다는 것만 겨우 알 수 있다. 계속 보려다가 눈이 부셔서 보기를 포기할 정도다.

"으아~ 눈부셔!"

한참 눈을 비비며 겨우 쳐다보았다. 눈앞에 20대 후반으로 보이는 남자가 서 있다. 키는 180센티미터 정도에 운동을 많이 한 듯 근육질에 짙은 구릿빛 피부를 한 동양인이다. 머리칼은 반곱슬로 구불거리는데 색이 특이하다. 푸른하늘과 밤하늘이 묘하게 그라데이션된 색이다. 눈동자는 나뭇잎의 초록과 나무껍질의 짙은 갈색이 묘하게 섞인 색이다. 너무도 아름다운 외모의 소유자다. 그야말로 만화책을 찢고 나온 존재!

"누…구……세요?" 깜짝 놀라며 내가 물었다.

"나는 천사 이레. 당신의 수호천사 이레라고 합니다."

"수호……천사? 날개 달린 천사요?"

"그래요. 천사!"

천사라니 이 무슨? 물론 직감적으로 나쁜 존재가 아닌 건 느껴진다. 하지만 너무 비현실적이다. 의심을 거두지 않고 약간 시비조로 물었다. "그걸 어떻게 알아요?"

"느낌으로 알 수 있어요."

순간 내 온몸을 부드러운 기운이 감싸는 것이 느껴진다. 봄의 청량함, 여름의 싱그러움, 가을의 풍성함, 겨울의 차가움…… 그 모든 것을 함께 했던 존재가 주던 느낌. 내가 사랑하던 플라타너스 나무와 있을 때 느낀 가슴충만한 감정이다. 누군지는 몰라도 성스러운 존재, 함부로 하면 안 되는 귀한 존재임이 분명하다.

천사는 조용히 미소를 지었다. 미소를 보고 있으니 의심이 녹아 버린다. '이러면 안 되는데. 이러다 큰 코 다치는데. 눈 뜨고도 코 베이는 세상인데….' 그러나 더 이상의 설명이 필요 없다. 마법에 걸린 듯 마음의 자물쇠가 스르르 풀려버렸다. 그렇지만 무슨 말을 하고 어떤 행동을 해야 할지 몰랐다.

시간이 얼마나 지났을까? 멍하니 있다가 갑자기 정신이 번쩍 들었다. "당신이 천사면 혹시 내가 죽은 거예요? 우리 남편이랑 애들은요?"

"당신은 죽지 않았어요."

휴~ 하고 안도의 한숨이 나온다. 그렇지만 계속 한참동안 말을 꺼낼 수 없었다. 이런 기분은 처음이다. 그는 봄날의 따스한 햇살 같다. 향을 가득 머금은 꽃봉오리가 봄날의 부드러운 햇살을 만나 살살 꽃잎을 열듯 내 마음도 조금씩 열리는 것 같다. 다 시들어 버려진 꽃이 되살아나서 완전히 새로운 싱싱한 꽃이 된 것 같다. 아무 말 하지 않아도 그의 존재만으로 마음이 평화로 가득해졌다. 놀라운 일이다. 이런 평안한 감정을 주는 사람은 이 세상에 한 명도 없었다. 멍하니 시간이 흐른다. 오로지 평화롭다는 느낌 속에서.

그저 사랑할 수밖에 없는 당신이란 존재

"당신은 참 근사한 사람이에요." 천사 이레가 불쑥 말했다.

"제… 제가요?" 한 번도 들어본 적 없는 말에 깜짝 놀랐다. 그럴 리 없다. 내가 근사하다니.

"당신은 당신이라서 근사합니다. 스윙월드에 있어도 스윙월드를 떠나도 당신은 당신이에요."

'스윙월드? 이 리조트의 별칭인가?' 속으로 생각했다.

"나에게는 다른 사람들이 말하는 것이 하나도 보이지 않아요. 제 눈엔 그저 사랑할 수밖에 없는 당신만 보입니다. 제 눈엔 당신의 모든 것이 다 좋아 보입니다. 그뿐입니다."

뭐지? 뭐라는 거야? 심장이 방망이질을 한다. 피가 힘차게 온몸으로 퍼져나간다. 내가 왜 이러지? 나는 멍한 표정으로 있다가 갑자기 고개를 힘껏 흔든 뒤 시계를 봤다. 벌써 2시 15분 전이다. 머리가 무거워지며 마음이 급해졌다. 뭐라도 빨리 물어봐야겠다는 생각이 든다. 일단 아무 말이나 시작해보자.

"어… 네… 저기요… 천사님이라고 하셨죠? … 어… 그러니까…."

천사가 아무 말 없이 내 눈을 바라본다. 미치겠다. 무장해제 당한 느낌이다. 갑자기 다 내려놓고 품에 안겨 살기 힘들다고 펑펑 울고 싶다. 내가 왜 이러지? 안 돼. 정신 차리자. 정신 차려! 왼손 바닥으로 이마와 뺨을 두드리며 정신을 가다듬으려 애썼다. 그리고 마침내 말을 꺼냈다.

"왜 절 만나러 온 거예요?"

황금은 냄새나는
쓰레기 안에 있어요

당신은 행복이 뭐라고 생각해요?

천사는 아무 말 하지 않는다. 화가 났나? 내가 뭘 잘못했나? 그래도 왠지 그냥 보내선 안 될 것 같다. 천사라면 분명 나에게 줄 뭔가가 있을 것이다. 급한 마음에 재촉했다.

"저… 이레? 이레… 씨? 천사 씨? 왜… 왜 절 부르셨어요?"

"이레라고 편하게 부르세요. 나는 당신에게 '행복'을 알려주고 싶어서 왔습니다."

음성에 따스함이 가득하다. 따스한 햇살, 하얗고 투명한 꽃잎을 지나가는 봄바람 같은 소리다. 왠지 모르지만 안도감이 든다. '내

가 행복하면 좋겠어서 왔다고? 나는 어떻게 하면 행복할 수 있지? 어떻게 하면 편안해질 수 있지?'

"그 행복이 대체 뭔데요?" 말이 끊기는 게 어색해 물었다.

이레가 내 눈을 잠시 바라보더니 말했다. "당신은 행복이 뭐라고 생각해요?"

뭐야? 질문을 질문으로 받다니! 답할까 말까? 이상하게 답했다고 놀리는 건 아닐까? 머뭇거렸다.

"아무도 놀리지 않아요."

어머? 내 생각을 읽었나? 어떻게?

"당신이 무슨 생각하는지 나는 다 알 수 있어요. 천사잖아요. 당신이 사랑으로 창조되기 전부터 나는 당신을 알고 있었어요. 당신의 모든 순간을 함께 했지요. 그러니 아는 게 당연하지요."

내가 태어나기 전부터 나를 알았다고? 그럼 나보다 오빠? 아님 아저씨? 이 말을 믿어도 될까? 이번에도 속으로만 생각했다.

"제 나이가 궁금하시군요. 어떻게 말하면 이해할까요? 음… 일단 저는 지구보다 나이가 많아요. 그래서 아는 것도 보이는 것도 많아요. 천사니까요. 그리고 걱정하지 말아요. 지금 당신은 안전합니다."

'안전하다'는 말이 깜빡이 신호도 안 주고 내 마음으로 직진했다. 으윽… 이거 신호위반인데… 이러면 안 되는데….

나도 모르게 마음속 말들이 튀어나왔다. "안전하다는 말을 들으니까 마음이 몽글몽글해져요. 그런 지금이 조금 행복한 것 같네요." 이런 아무 말 대잔치! 너무 오글거리잖아. 내가 왜 이런 식으로 말하고 있지? 평소처럼 생각으로 나 자신을 비난했다. 이런 바보 멍충이!

그때 이레가 말했다. "나눠줘서 고마워요. 마음이 몽글몽글해진다니 정말 아름다운 표현이네요. 이런 창의적인 표현을 하는 사람이 절대 바보일 수 없죠. 당신은 훌륭한 사람이에요. 제 눈에도 당신 마음에 작은 행복들이 여린 싹을 틔우는 모습이 보여요. 아주 생기 넘치고 아름다워요."

칭찬 받으니 기분이 좋다. 내가 훌륭하다니?

이레의 말이 순풍이 되어 내 입에서 계속 문장이 튀어나왔다.

"잘 가진 못했지만 바다를 보는 게 좋았어요. 전철에서 보던 한강… 거기 비친 햇살을 보는 것도 좋았고. 여기 이 등나무 벤치에 앉아 있는 것도 나쁘진 않네요. 마음이 부드럽고 말랑말랑해지는 거. 그런 게 행복일까요? 말랑말랑한 복숭아를 좋아했어요. 할머니 집에서 가끔 먹었죠. 할머니 단골가게에서 멍든 과일을 싸게 사다가 깎아 주시곤 했는데 나는 그게 너무 맛있었어요."

갑자기 눈물이 터져 나온다. 아~ 바보 같다. 그런데 막을 길이 없다. 터져 나오는 기침처럼 내 힘으론 어쩔 수 없다. 천사 앞에 서면 누구나 이렇게 아기처럼 모든 것에 솔직해지는 모양이다. 천사를 바라보았다. 한없는 사랑과 관심에 힘입어 아무도 묻지 않았던 행복에 대한 내 이야기를 이어나갔다. 그는 마치 내 이야기를 들어주려 태어난 존재 같다.

천사는 아무 말 없이 나를 지켜보았다. 말이 계속 터져 나왔다. 무슨 말을 하는지도 모르고 횡설수설대며 두 눈에선 소나기처럼 줄줄 눈물이 흐른다. 나는 별별 말을 다 하며 울었다. 오늘은 그래도 되는 날이다. 아무도 없는 길에 핀 꽃이 처음 사람을 만난 날, 나이든 무용수가 기적적으로 몸을 움직여 원 없이 춤을 추는 날, 아무도 들어주지 않아 말하지 못했던 어린아이가 천사를 만나 신이 나 떠드는 날….

쉴 새 없이 눈물을 닦으며 시간가는 줄 모르고 떠오르는 대로 말을 이어갔다. 그러다 문득 깨달음이 번개처럼 나를 스치고 지나갔다. 생각보다 내가 행복한 순간들이 많았구나! 와! 이렇게나 많이 행복했다고? 그런데 왜 항상 힘든 것들만 곱씹고 말했을까?

행복은 고통의 쓰레기더미 안에

마치 쓰레기장에서 황금을 찾는 것 같다. 쓰레기의 악취와 그 엄청난 양에 눌려 보이지 않았을 뿐 분명 내 기억 깊은 곳에 보석들이 살아 숨 쉬고 있었다. 고통의 밑바닥에서 온갖 부정적인 감정에 사로잡혔을 땐 몰랐던 사실이었다. 지구 깊은 곳에서 터져 나올 수밖에 없는 용암 같다. 내 영혼의 밑바닥에서 강렬하게 치고 올라오는 엄청난 에너지다. 그 느낌은 너무도 낯설면서 동시에 익숙했다. 이 느낌이 뭐지?

천사는 조용히 미소 지었다. 천사는 입술을 움직이지 않았고 소리도 내지 않았다. 그럼에도 그의 말이 내게 또렷이 전달되었다. 천사의 몸에서 파도가 쳐서 내 몸으로 도착하는 것 같았다. 천사의 맑고 고요한 에너지가 내 몸 구석구석 퍼져가는 듯했다.

"당신은 이미 충분합니다. 당신 안에 숨겨진 생명의 에너지를 한번 느껴보세요."

당신이 나빠서
불행한 게 아니에요

나는 이미 모든 것이 충분하다

그 뒤로 내가 느낀 감정을 뭐라 설명할지 모르겠다. 말로 표현해보
자면 제일 가까운 느낌이 '빛'이다. 어둠이 가득했던 공간에 빛이
환하게 들어차는 느낌이다. 그 느낌을 받자마자 마음이 평안해졌
다. 손가락 끝부터 발끝까지 거대한 빛이 완전히 감싸는 느낌이다.
내 몸의 세포 하나하나까지 소외되는 곳 하나 없도록 모두 두루 돌
보는 신의 마음이 느껴졌다.

　엄청나게 긴 시간이 흐른 것 같은데 몇 분밖에 지나지 않았다.
귀신에 홀렸다는 표현이 딱 맞다. 귀신? 아! 혹시 이 생각도 읽었

을까? 기분 나빠할까? 곁눈질로 슬쩍 눈치를 살폈다. 천사는 아주 평온한 표정이다.

"귀신이나 천사나 뭐가 크게 다르겠어요." 소리 내서 말한 적 없는데 천사는 이번에도 내 생각을 다 알고 있다.

"엄연히 다르죠. 귀신은 나쁜 거고 천사는 좋은 거잖아요." 당황해서 황급히 둘러댔다.

"그렇게 생각할 수 있지요."

혼란스럽다. 내가 아는 신은 벌주는 신, 화내는 신이다. 그런데 천사가 말하는 신은 내가 생각하는 신과 다른 것 같다. "귀신이라는 말에 화 안 나세요?"

"내가 왜 화를 내요? 누가 뭐라 하건 내 존재는 변함이 없는 걸요."

"그래도 오해를 받으면 화가 나잖아요."

"오해는 무지에서 오는 것이지요. 무지한 어린아이가 있다면 화를 내겠어요? 아니면 친절하게 잘 알려주겠어요?"

"그야, 어린아이라면…. 알려줘야겠죠."

"그래요. 아이는 몰라서 그러는 겁니다. 무지는 죄가 아니에요. 아는 사람이 잘 알려주면 됩니다. 저는 신을 잘 압니다. 신은 평화입니다. 신은 사랑입니다. 그런데 제가 왜 신이 아닌 것을 행해야 할까요? 사랑과 평화가 아닌 것을 선택할 아무런 이유가 없습니다."

"제가 생각했던 신은 좀 달랐어요. 신은 늘 화를 잘 내고 벌도 잘 주시잖아요."

"당신은 아직 신을 잘 모릅니다. 진정으로 신을 경험해본 사람은 그렇게 말하지 않아요. 이제 새롭게 알아가 보세요."

이레가 말할 때마다 빛이 반짝인다. 햇살이 비쳐 반짝이는 바닷물의 잔물결을 보는 것 같다. 찬란하고 아름답다. 바다에 아무리 모래를 던져도 바다는 화내지 않는다. 이렇듯 빛나고 아름다운 존재에게 왜 화를 안 내느냐고 묻다니 이상하긴 하다.

"그래도 천사, 귀신, 악마 이런 차이는 존재하잖아요? 빛이 있다면 어둠이 있고."

"신은 빛과 어둠을 가르지 않아요."

"그럴 리가요! 어둠은 나쁘고 물리쳐야 할 대상인데요."

"신에게 비교, 판단은 없어요. 낮과 밤을 보세요. 밤이 나쁜가요?"

"그건 다르죠. 밤이 있어야 뜨거웠던 대지가 식고 달과 별이 빛을 발하니까 나쁠 이유가 없지요. 하지만 어둠이나 악이라면?"

"밤은 빛이 부족해 생기는 자연스러운 현상입니다. 악 역시 나쁘게 취급할 일은 아니에요. 또 선과 악을 무 자르듯 딱 자를 수 있는 것도 아니고요. 칼로 물 베기와 같아요."

"그건 천사답지 않은 말이에요. 악은 물리쳐야죠. 영화나 소설은 늘 선과 악의 대결이고 천사도 악마와 싸우잖아요."

이레가 크게 웃는다. "어두운 방에 있을 때 어떻게 하지요? 어둠과 싸우나요?"

"뭐 하러 싸워요? 그냥 불을 켜면 되는데."

"그래요. 어둠은 빛의 부재에 불과해요. 어둠은 없애거나 무찔러야 할 대상이 아니죠. 우린 어둡다고 생각되는 곳에 빛을 더 비춥니다. 빛과 어둠은 서로를 돕는 관계니까요."

서로를 돕는다? 이해가 잘되지 않는다.

"어둠이 있으면 빛이 더 잘 보여요. 어둠이 빛을 돕습니다. 빛은 어둠과 싸우지 않아요. 빛은 어둠을 아기 대하듯 소중히 끌어안습니다. 빛이 어둠을 돕습니다. 해 뜰 때를 떠올려보세요. 어둠속에서 해가 떠오를 때 느껴지는 감동이 있죠. 어둠은 낮만 계속되었을 때는 결코 느낄 수 없는 다양함을 선물해줍니다. 우리에게 어둠은 그저 무지한 아기와도 같습니다. 무지해서 지혜롭지 않은 판단을 내리는 어수룩한 아이죠. 어린아이에겐 벌을 주거나 혼을 내는 게 아니라 알려주고 도와주는 것이 필요할 뿐입니다."

당신이 잘못해서 그런 게 아니에요

천사의 말은 어려운 것이 없었다. 딱딱한 돌덩이처럼 굳었던 내 마음이 이레와 대화하는 동안 따뜻한 물에 개어둔 진흙처럼 쉽게 풀어진다. 이레의 말은 쉽다. 분명 어려운 내용일 텐데 식은죽처럼 꿀떡꿀떡 바로 잘 넘어간다. 어떻게 이렇게 쉽게 설명해줄 수 있을까?

나는 빛과 어둠에 대한 확고한 생각이 있었다. 그런데 이레의 설명을 듣다보니 고개가 끄덕여졌다. 그러나 오래된 믿음을 바꾼다는 건 쉬운 일이 아니다.

이제껏 시키는 대로 살지 않으면 벌을 받는다고 믿으며 살아왔다. 아버지나 오빠한테 혼나거나 얻어맞거나 돈을 뜯길 때에도 뭔가 내게 잘못이 있어서 그렇다고 여겼다. 우리 집에 계속 불행이 이어지는 것도 죄 때문이라고 생각했다. 세상에 벌주는 자가 없다면 뭔가 이상하지 않은가?

"그래도 악은 용서할 수 없어요. 무지한 어둠과는 다르잖아요!"

"하루, 만약 당신이 신이었다면 모든 인간은 다 벌 받아야 하고 지구는 멸망하겠지요."

"……" 할 말을 잃었다. 갑자기 멍한 느낌이 든다. 천사의 말은 사실이다. 내가 신이라면 나를 힘들게 한 가족, 친구, 학교 선생님, 회사 사람들 모두 다 벌줬을 것이다. 그리고 나 자신도 죽을 때까지 끊임없이 벌을 주었을 것 같다. 고통스런 사건이 일어난 장소도 전부 태우고 봉인했을 것이다. 그게 멸망이 아니고 뭘까. 내가 신이 아닌 게 얼마나 다행인가.

정신을 차리려고 침을 꿀꺽 삼키고 눈을 여러 번 감았다 떴다 했다. 무슨 말을 해야 할지 모르겠다. 이레는 내가 다시 입을 열 때까지 침묵 안에서 내 곁을 지켜주었다. 시간이 얼마나 지났을까?

나는 용기를 내어 질문을 던졌다. 왜 이 질문이 튀어나왔는지도 모르겠다.

"그럼 행복은 진짜로 뭘까요?"

우리가 살면서 경험하는 모든 불행, 불만, 고통은 오직 우리의 무지와
우리가 누구이며 무엇인지에 대한 불확실한 지식 탓이다.
그러므로 모든 고통과 불행에서 자유롭고 싶다면
진정한 자신에 관한 불확실한 지식과 무지에서 벗어나야 한다.

_ 마이클 제임스

제2장

돈을 끌어오는 스타일로
지금 바로 변신하는 법

진짜 부자는
낚싯바늘을 물지 않는다

감정에 걸리지 않는 자유로운 마음

"행복은 근원과 일치된 상태를 의미합니다. 좀 어렵다면 이렇게 말해볼게요. 혹시 두 다리 뻗고 자는 경험을 해보셨어요?"

두 다리 뻗고 잔다? 난 그런 기억이 별로 없다. 사실 살면서 하루도 마음 편할 날이 없었다. 그런 별천지에 사는 사람도 있겠지만 나와는 상관없는 얘기다. "글쎄요. 편하고 걱정이 없다?" 심드렁하게 대답했다.

"편하고 걱정이 없고 무엇을 떠올려도 평화롭고 아무런 감정에도 걸림이 없는 상태를 말하죠."

"감정에 걸려요?"

"어부가 바다에 낚싯대를 던져요. 낚싯바늘엔 여러 종류의 유혹적인 미끼들이 있죠. 미끼를 물면 물고기는 어떻게 되나요?"

"낚이죠. 물고기 입장에선 골로 가는 거고." 킥킥 웃음이 나온다.

"그래요. 낚싯바늘에 걸리면 빠져나오기 힘들어요. 입에 바늘이 걸려 있는 한 평생 고달픈 나날이 이어집니다."

"허… 내가 딱 그 짝이네요. 죽을 때까지 버둥대면서…." 내 말투가 삐딱하다.

"어떻게 하면 물고기는 영원히 안전하고 행복할 수 있을까요?"

"미끼에 안 걸려야죠. 배가 든든하면 미끼 걸린 바늘 같은 건 아마 쳐다보지도 않을 거예요."

"그래요. 정답이에요. 그럼 물고기가 바늘을 물지 않는 것과 감정이 무언가에 걸리지 않는 것을 연관 지어 보세요."

"아……. 어떤 감정이 와도 편안한 거? 미끼가 다가와도 흔들리지 않고 유혹 당하지 않고 물지 않게 되는…?"

천사가 두 날개를 펼쳐 크게 움직였다. 어떤 미장이도 만들어낼 수 없는 순수한 하얀 빛이다. 천사의 날개는 고래의 꼬리처럼 강하면서도 흩날리는 갈대처럼 부드럽고 유연하다. 아름답다는 말로 형용되지 않는 순수함과 기쁨이 공간을 가득 채운다. 갑자기 깊은 숨이 쉬어진다. 함께 하는 이 순간이 평안하고 감사하다는 마음이 든다.

이레는 가볍게 박수를 치면서 환한 미소를 띠었다. "어떤 감정이 다가와도 걸리지 않는 것. 지금 당신이 느낀 감사와 평안이 온몸을 갑옷처럼 지키고 있으면 어떤 무쇠 바늘도 당신에게 상처 낼 수 없어요."

"갑옷보다 세다고요?"

"그럼요. 세상에서 제일 센 갑옷이지요." 이레가 말했다.

"아이언맨 수트보다 더?"

"하하하! 비교도 안 되죠. 감사와 평안은 아주 높은 상태의 의식입니다. 신과 가장 비슷한 상태의 에너지입니다. 거기에 상대되는 것은 하나도 없어요."

이레의 말은 강하고 설득력이 넘친다. 누군가 한 연예인에게 행복이 무엇이냐고 물었다. 그랬더니 그녀는 '자려고 누웠을 때 마음에 걸리는 것이 하나도 없는 것'이라고 했다.

"배고픈 물고기에겐 낚싯바늘의 미끼가 먹음직스러워 보일 겁니다. 과거에 대한 괴로움과 죄책감, 미래에 대한 고민과 두려움, 압박감, 자기비하, 근심걱정…. 모든 것이 미끼예요. 억눌린 무의식 속 감정에 지배당하면 낚싯바늘 옆을 배회하게 되고 어느 새 바늘에 걸려 상처를 입고 말아요. 정신을 차리고 갑옷을 입으면 되는데 많은 이들이 그렇게 하질 못합니다."

"왜죠?" 모두 내 얘기 같아 뜨끔하다.

"온몸이 불평과 분노, 배신감, 죄책감 같은 무거운 감정에 짓눌려서 그래요. 권투선수에게 연신 잽을 맞은 것처럼 정신을 차리지 못하죠. 그런 상황에서 감사를 떠올리는 건 쉬운 일이 아니지요. 낚싯바늘에 걸린 물고기처럼 옴짝달싹 못하고 고통만 가득해져요. 감정에 완전히 걸린 상태가 됩니다."

나 역시 그렇게 감정에 걸려 숱한 불면의 밤을 보냈다. 다 타들어 잿더미처럼 기력 없는 하얀 밤이 매일 내 방을 노크했다. 어느 날엔 심지어 스스로를 자책하며 안 좋은 생각을 하기도 했다. 이레는 다 알고 있다는 듯 고개를 끄덕였다.

한계를 가진 나약한 인간이라는 생각

"고통으로 밤을 새는 당신을 지켜보면서 마음이 많이 아팠어요. 안타깝고 힘들었지요."

나는 깜짝 놀라며 이레를 쳐다보았다. 그때 날 보고 있었다고? 이내 마음이 싸늘해지면서 오랫동안 묵혀둔 질문이 앙칼지게 튀어나왔다. "보고 있었으면서 왜 안 도와줬어요!"

이레가 안타까운 표정으로 말했다. "우린 늘 당신과 함께였어요. 당신을 도와주고 싶어 영겁의 시간을 기다렸죠. 바늘 하나 꽂을 데 없던 당신 마음에 틈이 생겨나길 기다리면서요. 틈이 보이자마자 바로 당신 앞에 나타난 겁니다."

"신은요? 신은 왜 절 돕지 않으셨죠? 신이라면 그런 바늘 같은 거 다 없앨 수 있잖아요."

"신에게 불가능은 없지요. 신은 바늘을 다 없애버릴 힘도 있어요."

"그런데도 왜 안 도와주세요?"

천사의 두 눈에 밤하늘 같은 푸른빛이 차올랐다가 이내 사라졌다. 신비하고 아름답지만 한편으론 마음 시린 광경이다. 천사의 깊은 슬픔이 파도처럼 내 마음에 전달되어왔기 때문이다. 이레는 힘이 빠진 듯 작은 목소리로 말했다. "우리는 바늘을 다 없애봤어요. 없애고 또 없애고……. 그러나 인간이 함께 해주지 않으면……."

이레의 말을 내가 낚아챘다. "신도 도울 수 없다고요?"

"인간이 스윙월드에 살겠다고 고집부리는 한 도울 방법이 없습니다. 스윙월드의 무의식 프로그램이 무한대로 바늘을 만들어내니까요. 없애기가 무섭게 새로 더 많이 만들어냅니다. 바늘을 만들어내는 마음의 근원에는 결핍이 있습니다. 바늘에 걸리지 않는 마음의 근원에는 풍요가 있고요."

"풍요는 어떤 마음이에요?" 나는 억울하다는 듯이 물었다.

"배가 충분히 부르다면 미끼가 달린 바늘에 걸릴 이유가 없어요. 쳐다보지도 않을 거예요. 겉만 번드르르한 미끼를 먹어봐야 좋을 게 없다는 것을 압니다. 인정, 명예, 돈, 사랑… 어떤 달콤한 미끼로 꼬드겨도 넘어가지 않지요. 자신 안에 이미 풍요, 사랑, 평화가 가득한데 왜 한눈을 팔겠어요? 가지고 있는 것으로 이미 충분하다는 걸 알아차리는 상태, 그래서 어떤 감정에도 걸림 없는 것.

지금 이 순간 존재로서 평화로운 것. 그것이 행복입니다. 그런데 인간은 그걸 알지 못해 스스로를 스윙월드에 가둬버립니다."

"스윙월드? 스윙월드가 뭐죠?" 진즉부터 궁금했던 단어다.

"인간이 고통 받는 이유는 스윙월드에 머물기 때문입니다. 스윙월드에 있는 인간은 스스로가 어떤 존재인지 몰라요. 인간의 모든 고통은 자신에 대한 '무지'에서 생깁니다. 잘 모르면 스스로를 한계가 가득한 존재라고 규정해버립니다. 하지만 그것은 진실이 아니에요. 신의 눈으로 바라본 인간은 훨씬 더 위대한 존재입니다."

삶을 짓누르던 모든 두려움이 사라지면

"저처럼 평범하다 못해 지지리 못난 게 위대한 존재라고요? 그럴리가요. 뛰어난 위인들이나 그런 거지 뭐." 내 말투는 이번에도 삐딱하다.

"당신은 위대한 존재입니다." 이레의 표정에는 확신이 가득하다.

그 얼굴을 보자 더 의심스러워진다. 희망고문이다! 내가 이런 말 한두 번 들어봤나? 듣기만 좋은 잔인한 고문. 잘하고 있다 잘 될 거다 꼬드기는 말…. 반감이 확 올라왔다. "그럴 리 없어요. 희망은 없는 게 편해요. 괜한 기대는 실망만 안길 뿐이니까. 잘 될 거라고 생각하고 애써도 현실은 늘 그대로예요. 고통은 결코 끝나지 않아요."

이레가 평화로운 음성으로 말했다. "당신이 고통 받는 이유는 당신에 대해 잘 모르기 때문입니다. 당신의 생각을 놓아버리면 당신은 늘 행복할 수 있습니다. 지금 이 순간 당신이 누구인지 깨닫는다면 허상은 사라집니다. 두려움이 없는 세상엔 사랑만 남게 됩니다. 당신의 삶은 기쁨과 평화로 가득 차게 되지요. 스윙월드를 버리고 단 한번이라도 스윙월드가 아닌 세상을 경험해본다면 완전히 새로운 삶을 살 수 있게 됩니다."

거짓말 같지만 믿고 싶다. 지푸라기라도 잡고 싶다. "두려움 없는 세상…. 그런 게 있다고요? 나한테도 그런 세상이 가능하다고요? 대체 거기에 가려면 뭘 어떻게 해야 하는 거죠?" 절박한 목소리다.

"당신은 살면서 많은 생각과 믿음을 받아들였습니다. 그중에서 진실하지 않은 생각과 믿음이 당신을 스윙월드로 데려갑니다. 당신은 행복할 자격이 있습니다. 그러나 스윙월드에선 늘 문제와 고통, 상처와 좌절, 두려움을 만나게 됩니다. 당신의 진정한 모습을 알아차린다면 어둠이 사라지고 빛이 가득해집니다. 두려움이 사라지고 사랑과 평화만 남게 됩니다."

"그게 가능해요? 내 머릿속에선 지금도 계속 당신 말을 비판하는 수많은 말들이 올라와요."

"예를 들면요?" 이레는 내 안의 생각을 자유롭게 표현해보길 권했다. 그가 안내하는 대로 그것을 모조리 쏟아내 보았다.

"내가 뭐라고. 난 부족해. 돈이 없는 데 어떻게 해? 빽도 없고 집은 가난해. 똥통학교 출신에 삼류직장에나 다니는 주제에. 결혼하고 애 낳고는 점점 더 바보가 됐어. 나는 내가 마음에 안 들어. 뚱뚱하고 축 처지고 거지 같이 생겼어. 뭐 하나 제대로 하는 꼴을 못 봤어. 앞으로 대체 어떻게 먹고 살지? 부자 되는 건 꿈도 못 꿔. 평생 이 모양 이 꼴로 살다가 죽을 거야. 과연 내 집을 살 수 있을까? … 너무 비참해요." 말을 토해내다 보니 점점 더 참담한 기분이다.

"당신의 생각은 당신의 것이 아닙니다." 이레의 말은 단호하다.

"그럼 이 생각이 어디서 왔단 거예요?"

"대부분 당신이 살면서 들었던 말들이죠. 부모, 어른, 미디어의 말들을 앵무새처럼 따라 외운 겁니다. 따라 하다 보니 어느 새 당신 생각인 줄 착각하게 됐을 뿐 어느 하나 당신 것은 없습니다. 틀린 생각인데다 당신에게 어울리지도 않아요. 그러니 이제 그 낡은 생각들은 모두 놓아주세요. 각각 주인에게 돌려주세요."

순간 조용히 생각해봤다. 내 마음속엔 부모님의 힘든 삶이 있었다. 구부정한 허리를 필 새도 없이 늘 노동하던 할머니 할아버지의 모습이 있었다. 나에게는 늘 무언가 부족하다는 생각, 아무리 애써도 평생 부자는 되지 못할 것이라는 믿음이 있었다. 그것이 나를 지배하고 있었다. 그런데 그런 믿음은 엄연히 따져보면 내 것이 아니다.

'그렇다! 이 믿음과 생각은 부모님의 것이다. 나도 모르게 어른들의 말들을 따라 한 것이다!' 순간 온몸에 소름이 돋았다. 나는 조상들과는 다르게 살고 싶다.

이레가 나의 생각을 읽고 응원하듯 덧붙였다.

"당신은 달라지고 싶다고 기도했지요? 먼저 당신이 붙잡고 있는 낡고 잘못된 생각을 떠나보내세요. 이제 당신 삶에 새로운 생각을 선물할 때입니다."

돈과 멀어지게 만드는
낡은 생각들

가난으로 끌어당기는 오래된 생각들

"그럼 뭘 하면 되죠?" 마음속에서 작은 불꽃이 피어오른다.

"당신이 진정으로 누구인지 생각해보세요. 당신이 붙잡고 있는 생각이 당신인가요? 당신은 진정한 당신과는 완전히 다른 '반대의 믿음'만 붙잡고 있어요. 허상은 아무런 힘이 없습니다. 그림자와 같아요. 그림자가 아닌 본질을 보세요. 당신은 이 세상 그 무엇에도 좌지우지 될 수 없습니다. 당신은 한계를 뛰어넘은 인간입니다."

"나도 그걸 믿고 싶어요. 그러려면 뭘 해야 하죠?" 목소리에 절박함이 담겼다. 나조차 알아주지 못한 진짜 나 자신을 찾고 싶다.

"가장 처음 할 것은 '뺄셈'입니다."

"뺄셈?"

"당신이 지금까지 써온 이야기를 전부 빼보세요. 만약 검정 색 안경을 쓰고 살아왔다면 세상이 모두 검게 보였을 거예요. 색안경을 쓰고선 세상을 있는 그대로 볼 수 없어요. 생각감정의 색안경을 벗는 게 먼저입니다. 생각감정을 빼면 어느 새 우리와 늘 함께하던 고요한 알아차림에 닿을 것입니다. 그게 가장 중요한 발견입니다. 그곳을 발견할 때 우리는 떠남이 없이 도착하게 됩니다. 바라봄 없이 보게 됩니다. 함이 없이 이루게 됩니다. 이미 모든 것이 충분하다는 걸 알게 됩니다."

"이미 충분하다…."

"좋습니다. 저와 계속 대화하면서 더 깊이 이해할 수 있게 될 거예요. 만약 뭐든 다 얻을 수 있다면 어떨 것 같아요? 요술램프 지니가 모든 소원을 다 들어준다면 말이에요."

이레의 질문을 듣고 잠시 생각에 잠겼다. 난 뭘 원하지? 뭘 얻고 싶지?

"엄마 아버지 돈 없어. 힘드니까 말 잘 들어야 해. 어른들 귀찮게 하면 안 돼. 이것저것 사달라고 하지 마. 안 그러면 다리 밑에 버리고 온다." 어릴 때부터 귀에 못이 박히게 들은 말이다. 그래서일까? 돈 생각을 하면 늘 가슴을 칼로 저미는 것 같다.

돈과 시간의 자유를 얻고 싶다는 생각이 가장 먼저 떠올랐다.

시간에 쫓기지 않고 돈 걱정 안하는 삶, 시간과 돈이 넘치는 삶을 살아보고 싶다. 경제적 자유를 누려보고 싶다. 그런데 나한테 자격이 있을까? 과연 내가 소원을 빈다고 이루어질까? 머리가 복잡해진다.

"하루, 정신 차리세요! 외부에서 오는 문제는 하나도 없습니다. 당신의 모든 문제는 스윙월드의 그림자일 뿐입니다."

"스윙월드의 그림자요?"

"네. 당신의 생각감정은 당신이 아닙니다. 생각감정을 붙잡지 말아요. 바늘에 걸리지 말고 흘려보내세요. 당신은 생각감정을 스윙월드에 스스로를 옭아매는 끈으로 사용하고 있어요. 그렇게 쓰지 말아요. 생각감정은 당신이 원하는 것을 얻기 위한 도구입니다. 당신이 원하는 것에 초점을 맞추는 데 생각을 사용하세요. 원하지 않는 것을 보고 듣고 경험하는 것은 이제 그만해야 합니다. 몸에 꿰인 바늘을 하나씩 다 푸세요. 당신이 행복한 삶을 바란다면 부정적인 감정의 바늘은 버리고 자유롭게 스윙월드에서 나와야 합니다. 어떤 생각이든 당신이 그 생각을 믿을 때 엄청난 영향력을 가지게 됩니다."

"그럼 저는 어떤 생각을 믿어야 할까요?"

낡은 생각을 뺄셈하고 새 생각을 채우세요

"첫째, 그 생각이 과거에 주입된 것인지 살펴보세요. '돈 문제로 힘들다', '돈 버는 건 힘들고 어렵다', '내 처지는 불쌍하다' 같은 생각은 모두 과거 누군가에게 들었던 말일 뿐 진실이 아니에요. 그런 게 떠오를 때마다 계속 빼내세요. 당신 것이 아니니까요."

내 것이 아니다? 그런 생각은 해본 적이 없었다.

"둘째, 도움이 안 되는 생각감정이 빠져나간 텅 빈 자리에 당신에게 이로운 믿음을 채워 넣으세요. 그 편이 훨씬 지혜롭습니다. 당신의 생각과 말과 행동에는 모두 대가가 따릅니다. 당신의 모든 생각감정은 소비가 아닌 투자가 되어야 합니다. 낡은 왜곡된 생각은 당신을 지치게 합니다. 부정적인 생각은 몸과 마음을 처지게 만들고 실력 발휘를 방해합니다."

"이레, 제발 저 좀 도와주세요. 제가 가지고 있던 낡은 생각들을 바꾸고 싶어요." 진심이 담긴 애원이다.

"좋습니다. 제가 낡은 생각을 빼고 새로운 생각을 더하도록 도와줄게요."

"난 늘 돈 문제로 마음고생 한다는 믿음이 있었어요. 이걸 바꾸고 싶어요."

"뭐로 바꾸고 싶은가요?"

"이제 그만 가난하고 싶다! 이렇게 바꾸고 싶어요."

"계속 말해봐요." 이레가 격려해주었다.

"근근이 먹고 사는 것도 감지덕지라는 생각이 나를 비참하게 만들었어요. 그 생각이 내 에너지를 갉아먹었네요. 30년 넘게 그걸 짊어지고 살았다니 정말…. 이것도 바꾸고 싶어요."

"최근에 들었던 말 중에 돈에 대한 즐거운 표현을 떠올려보세요."

"맞다! 김새해 유튜브에서 들은 '나는 경제적·정신적 자유를 누리는 시간 부자다'라는 말이 좋아요. '나는 3대가 다 못쓸 만큼의 큰 부를 가졌다'는 켈리 최 유튜브 영상도 너무 좋더라고요."

"누군가를 성공으로 이끈 믿음은 당신에게 적용해도 됩니다. 누구 것이든 가릴 필요 없어요. 온 우주의 복을 다 가져다 쓰세요. 당신은 그럴 자격이 충분하니까요." 이레가 용기를 북돋아주었다.

"그럼 '나는 3대가 써도 다 못쓸 만큼 커다란 부를 가졌다!'로 바꿀래요. 이제 이 생각을 선택하겠어요."

이상하다. 생각만 했을 뿐인데도 입 꼬리가 올라가며 기분이 좋아진다. 돈 하나 안 들이고 금세 기분이 달라졌다. 나머지 생각들도 어떻게 해야 할지 살짝 감이 잡히기 시작했다.

- 과거로부터 주입되었던 목소리를 문장으로 써보라. 그것
  은 진짜 당신의 생각인가? 그것은 진실인가?
- 낡은 생각을 대신해 당신을 설명해줄 새로운 생각을 문장
  으로 표현해보라.

어떤 생각을 붙잡느냐에 따라 운명이 달라진다. 그러므로 이
제 내 생각을 선택할 것이다. 내게 도움이 되는 생각, 내 에너
지를 투자로 만드는 생각, 내게 힘을 주는 생각, 부자가 되는
생각, 경제적 자유와 풍요를 가져오는 믿음을 택하겠다!

고통 받고 싶다면 스트레스를 주는 생각을 그대로 믿어라. 하지만 행복하
고 싶다면 그 생각을 의심하라.

– 바이런 케이티

소비가 되는 생각 VS
투자가 되는 생각

과거가 주입한 생각들은 사실이 아니다

나는 이제껏 나를 지배했던 낡은 생각들을 하나씩 뺄셈하고 그 자리에 새로운 생각들을 채워 넣는 연습을 시작했다.

'돈 버는 건 힘들고 어렵다.' 떠올리기만 해도 삭신이 쑤시는 생각이다. 힘들고 어렵다는 생각은 마음을 오그라들게 만든다. 반대로 표현해볼까? '돈 버는 건 쉽고 재미있다!' 돈 버는 게 게임처럼 쉽고 재미있다면 평생 돈을 벌면서 얼마나 즐거울까? '돈 버는 건 게임처럼 쉽고 재미있다!' 이렇게 바꿀 것이다.

'내 처지는 불쌍하다.' 어느 정도 사실이다. 하지만 어디까지나

서른 전의 내 모습이다. 결혼하고 아이도 낳고 알뜰하게 살면서 전셋집 얻을 돈도 모았다. 고시원이나 단칸방에 살다가 방 셋에 화장실 둘인 아파트에 살고 있으니 얼마나 멋진가? 대출 상환이나 생활비가 걱정되기도 하지만 아이들도 건강하다. 그래, 지금 내 삶은 꽤 괜찮다. '나는 이미 대박 났다. 나는 풍요다. 나는 부자다. 나는 하는 일마다 잘된다.' 표현이 좀 과한 것 같아도 일단 다 써본다. 기분이 벌써 달라지기 시작한다. 더 해볼까?

'우리 부모는 돈이 없다.' 사실이다. 하지만 부모가 돈이 없다고 나까지 없어야 할까? 아니다. '부모의 수입과 관계없이 나는 늘 돈이 넘친다.' 이걸로 바꿀까? 조금 더 나가보자. 내 안의 풍요가 가득해서 주변으로 넘쳐흐르게 된다.

하나씩 낡은 생각을 빼내고 거기에 새로운 도움이 되는 생각을 채워 넣었다. 다 바꿨더니 너무나 기분이 좋았다.

• 소비가 되는 낡은 생각

돈 문제로 마음고생 한다.

근근이 먹고 사는 것만으로도 감지덕지다.

돈 버는 건 힘들고 어렵다

내 처지는 불쌍하다.

우리 부모는 돈이 없다.

이제 돈 걱정은 끝났다. 나는 경제적·정신적 자유를 누리는 시간부자다.

나는 3대가 써도 다 못쓸 만큼의 큰 부를 가졌다.

나는 부자다. 나는 풍요다. 나는 이미 대박 났다. 나는 하는 일마다 잘된다.

돈 버는 건 게임처럼 쉽고 재미있다.

부모의 수입과 관계없이 나는 늘 돈이 넘친다.

바뀐 생각을 보는 것만으로도 기분이 좋아졌다. 힘이 나게 하는 생각, 투자가 되는 생각이 무엇인지 깨닫기 시작했다.

나는 천사 이레와의 과외수업 첫 시간을 이제 막 시작했다. 이곳은 왠지 내게 기적을 만들어주는 진짜 미라클 리조트가 될 것 같다.

사랑과 치유와 풍요만 있는 곳

"잘했어요. 여기까지 아주 잘 따라왔어요. 이제 우리의 뿌리, 영혼이 출발한 곳을 떠올릴 차례예요. 지구에 오기 전에 당신은 어디에 있었죠?"

"지구에 오기 전?" 그런 기억은 없다.

"육신의 옷을 입기 전, 탄생 이전의 당신 영혼은 어디에 있었을까요?"

무지개빛 별을 지나 흰색 별, 다이아몬드처럼 반짝이는 투명한 별 안에서 머무는 내 모습이 뇌리를 스쳤다. 잊고 지냈던 아주 오래 전 기억……. 그립고 애틋한 감정이 올라온다.

"그곳엔 거짓도, 생각이 꾸며내는 고통스러운 현실도 없습니다. 사랑, 평화, 기적이 가득합니다. 당신의 영혼이 태어난 곳이며 당신이 육신의 옷을 벗을 때 돌아갈 곳입니다. 인간들이 근원, 빛, 신, 우주, 천국, 찰나, 극락, 영혼들의 고향, 몸을 벗어난 텅 빈 공간, 공이라 부르는 곳입니다. 그곳에선 함이 없이 모든 것이 이루어집니다. 모든 아픔이 사라지고 치유와 풍요가 가득하지요. 당신은 사랑에서 태어났고 사랑 안에 살다가 사랑으로 돌아가는 존재입니다. 그러니 당신만 원한다면 언제든 깨어나 그곳으로 갈 수 있습니다."

───── 곤충에서 별에 이르기까지 모든 것은 처음부터 끝까지 우리가 통제할 수 없는 힘에 의해 결정된다. 인간, 식물, 우주먼지 할 것 없이 우리는 모두 보이지 않는 연주자가 멀리서 보내주는 신비한 선율에 맞추어 춤을 춘다.

－아인슈타인

당신이 매일 바르던
감정의 검정 구두약

당신은 무한계에 속한 존재

"인간은 누구나 영원한 빛과 사랑에서 탄생했습니다. 모든 사람은 신을 닮았지요. 그런데 세상에 나온 후엔 자신이 누구인지 기억하지 못합니다. 백지 같던 아기는 점차 두려움과 어둠에 노출됩니다. 무지한 어른들은 아기의 여린 볼에 연신 검정 구두약을 발라줍니다. 구두약을 바르면 안전하다고 믿기 때문입니다. 그러다보면 아이도 자신을 보호하려면 매일 검정 구두약을 발라야 한다고 믿게 됩니다. 두려울 때마다 얼굴에 두껍게 구두약을 덧바릅니다. 평생 그걸 씻으면 안 된다는 믿음을 가지고 매일 덕지덕지 바릅니다.

"대체 누가 그런 짓을 해요?" 끔찍하다.

"당신이 매일 하는 두려운 생각과 어두운 감정이 바로 그런 구두약입니다. '그렇게 하면 큰일 나. 사고 나. 다쳐. 망해. 가난해져. 못생겨져. 아무도 너랑 말하지 않을 거야. 누가 너를 좋아하겠니. 세상이 얼마나 무서운 줄 아니. 정신 똑바로 차려! ……'"

내가 늘 아이들에게 했던 말들이다. 이럴 수가!

"저도 모르게 아이들에게 두려움을 심어줬어요. 저도 그런 말을 듣고 살았고요. 세상은 무섭다는 말이 검정 구두약이었어요. 계속 대물림해왔네요."

"어른들이 악의로 그러는 건 아닙니다. 무지할 뿐이죠. 제대로 된 정보가 없어 받은 두려움을 대물림하는 것입니다. 배우고 본 것이 그것뿐이어서요. 그런 생각감정을 물려받은 아이는 평생 스윙월드에 스스로를 가두고 감정 널뛰기를 하며 살게 됩니다. 깨닫기 전까지는."

"전 이제 그렇게 살고 싶지 않아요. 내가 누군지 제대로 알고 싶어요."

"낡고 왜곡된 생각으로 평생 자신을 칠하다보면 자신이 누구인지 잊어버리게 됩니다. 안타까운 일입니다. 인간은 누구나 사랑받기 위해 태어난 존재인데 말이지요."

"저는 별로 사랑받는다고 느끼지 못했어요." 솔직한 심정이다.

"사랑받지 못한다고 느낀다면 스윙월드에 있다는 증거입니다.

돈이나 능력이 충분하지 않다고 느낀다면 스윙월드에 있다는 증거입니다. 결핍의 생각, 감정들은 스윙월드의 에고입니다. 당신은 스윙월드에서 '사랑, 돈, 능력이 충분하지 않다'는 생각을 끊임없이 반복하고 있습니다. 그 생각을 믿음으로써 외롭고 고통스럽고 완전치 않다는 감정들을 만들어냅니다. 그래서 사랑, 돈, 능력이 충분하지 않은 상황을 계속 반복합니다."

"모두 제가 만들었다고요?" 화가 나고 억울한 마음이 든다.

"당신이 선택한 생각이 감정을 만듭니다. 감정은 행동을 만들고 행동은 습관을 만듭니다. 습관은 삶을 만듭니다. 그런 만큼 거기서 벗어나는 것도 간단하죠. 모든 것이 외부에서 왔다는 걸 알아차리면 삶은 변합니다. 검정 구두약이라는 걸 알아차리면 더 이상 바르지 않게 됩니다. 그때 스윙월드를 나갈 수 있는 진리의 문이 생깁니다. 스윙월드를 벗어나는 순간 당신은 자유로워집니다. 자신에게 더 이상 두려움이 필요 없음을 알게 됩니다. 자신이 완전한 사랑 그 자체임을 깨닫게 됩니다."

"내게 두려움은 필요 없다. 나는 완전한 사랑 그 자체다? 좋은 말이네요. 하지만 뭔가 멀게 느껴져요."

"지금은 스윙월드에 있으니까요. 당신 안에서 하루 종일 걱정하는 목소리가 들리지 않나요? 하루 종일 그 소리에 귀를 기울이지 않나요? 스윙월드에 있다는 증거입니다. 내면의 감시자인 에고는 판단하고 비난하며 못살게 굽니다. 사랑받기 위해서, 인정받기 위해서, 돈 벌기 위해서 이런 저런 일을 해야 한다고 속삭입니다. 그러나 그렇게 얻는 것은 그저 스쳐 지나가는 행복뿐입니다. 쥐면 전부 사라지지요."

"맞아요. 쥐려고 하면 사라지곤 했어요. 그런 건 진짜 행복이 아니죠." 뭐든 잡힐 듯 잡히지 않던 좌절의 순간들이 떠올랐다.

"당신은 보이는 것보다 훨씬 더 큰 존재입니다. 현실을 믿지 마세요. 그것이 전부가 아닙니다. 당신은 당신이 생각하는 한계의 존재가 아닙니다. 당신은 무한계로 태어났어요. 이미 받았다는 느낌이 풍요입니다. 이것만 기억한다면 스윙월드에서 나올 수 있어요."

습관처럼 나 역시 행복해지고 싶다고 말했다

세상에 태어난 이상 제대로 행복하게 살고 싶었다. 그러려고 참 열심히 살았다. 이상하게 돈은 모이질 않았다. 아등바등 애써도 결과는 별로 달라지지 않았다. 절약해 모아놓으면 꼭 적금을 깨고 주식을 처분해야 할 일이 생겼다. 끊임없이 달려도 제자리라는 것을 발견하는 것이 허무했다.

어렸을 때 의지했던 할머니가 효도도 받아보지 못하시고 돌아가셨다. 생존법만 간신히 가르친 어머니라도 곁에 오래 계실 줄 알았다. 그런데 어느 날 갑자기 어머니가 돌아가셨다. 횡단보도를 건너다가 음주운전자가 몬 차에 생긴 사고였기에 아무도 예상하지 못했다. 그러나 왠지 나 때문에 생긴 일 같았다. 평생 고생만 한 불쌍하고 비참한 삶…. 미안한 마음뿐이었다.

그 즈음부터 이상하게 틈만 나면 죽음을 떠올렸다. 나 같은 게 왜 굳이 살아야 하지? 세상에서 깨끗하게 사라질 방법이 없을까? 남에게 폐 끼치지 않으면서 다시 살아나지 않고 확실하고 안전하게 죽을 방법을 찾아보기도 했다.

죽음의 반대급부

〈뉴요커〉는 샌프란시스코 금문교에서 투신자살을 시도했다 구출되어 살아난 이들을 인터뷰했다. 그들은 하나같이 고백했다. "뛰어내리는 그 순간 인생에서 해결할 수 없는 건 하나도 없다는 걸 깨달았다. 내가 이미 뛰어내렸다는 것만 빼고.", "제일 처음 떠오른 생각은 내가 무슨 짓을 한 거지? 하는 자각이었다. 죽고 싶지 않았다." 그들은 사실 제대로 살고 싶었던 것이지 죽고 싶었던 게 아니었다.

생존자들을 면담한 플로리다 주립대학교 토머스 조이너 교수는 이렇게 썼다. '그들은 모두 투신 직후 공중에서 곧바로 후회했다. 투신부터 수면에 닿기까지는 4초가량이 걸린다. 그 4초 사이에 그들의 인생관은 완전히 달라졌다.'

죽고 싶다는 생각에 사로잡혀 있던 어느 날 밤 생생한 꿈을 꿨다. 빠르게 회전하는 검은 토네이도 회오리가 눈앞에서 소용돌이쳤다. 토네이도는 집, 차, 소, 사람, 전신주를 집어삼키며 성큼성큼

다가왔다. 폭풍에 휩싸인 사람 중에는 익숙한 얼굴도 있었다. 바로 나 자신이었다.

꿈속의 나를 꿈을 꾸는 내가 지켜보고 있다. 꿈속의 나는 영화 주인공처럼 담대하고 당당하다. 편안해 보이는 하얀 원피스를 입고서 바람과 폭풍 속에 담담하고 편안하게 서 있다. 토네이도 한복판에 있는데도 머리칼 한 올 휘말리지 않는다. 온 세상이 난리가 났는데도 평온하다. 어떻게 꿈속의 나는 바람에 날아가지 않았을까?

당신은 보이는 것보다 훨씬 더 큰 존재다. 현실은 전부가 아니다. 당신은 당신이 생각하는 한계의 존재가 아니다. 당신은 무한계로 태어났다.

"무의식을 의식화하지 않으면 무의식이 우리 삶의 방향을 결정하게 되는데 우리는 바로 이런 것을 두고 '운명'이라고 부른다."

— 칼융

돈의 신에게 통하는
기도는 따로 있다

어떤 상황에서도 괜찮다는 믿음을 가져라

꿈속 나의 두 다리는 안정적으로 땅을 딛고 곧게 뻗어 있다. 토네
이도에도 몸이 하나도 흔들리지 않은 이유가 있었다. 내 곁에는 천
사 둘의 상반신이 보인다. 하체는 어디에 있지? 그들의 허리부터
발끝까지는 딱딱한 땅에 단단히 박혀 고정되어 있다. 천사들의 표
정은 비장하다. 온 우주에서 가장 소중한 존재를 지킨다는 듯 양손
은 무언가를 꼭 붙들고 있다. 다름 아닌 나다.

천사들은 내 발을 가슴에 품고 가슴과 머리와 양손으로 내 다리
를 감싸 안전하게 붙들고 있다. 폭풍에 돌과 파편이 날아오면 천사

날개를 펴서 나를 에워쌌다. 그 덕에 나는 온 세상을 날릴 법한 초강력 토네이도 속에서도 흔들림 없이 평온하게 서 있다. 너무도 미안하고 고마워서 눈물이 났다.

나를 죽음과 절망으로부터 지켜준 천사. 그게 혹시 이레였을까? "제 꿈에 나왔던 게 당신이에요? 토네이도 속에서 날 붙들어 준 게?"

이레가 환한 미소를 지으며 대답했다. "네. 저였어요."

그 꿈이 얼마나 힘이 되었던가. 고맙다는 마음이 깊은 곳에서 우러나온다. 그때 꿈에서 느꼈던 평온하고 자유로운 느낌이 바로 나의 근원이 주는 안도감일까?

"스윙월드에서 나가도 괜찮다는 믿음을 가지세요. 그때 비로소 나갈 수 있는 진리의 문이 생깁니다. 근원과 일치되면 비로소 자유로울 수 있어요. 기적을 얻기 위해 사람들은 엄청난 의지와 노력을 기울입니다. 그런데 모든 노력과 의지가 스윙월드에서는 물거품이 되고 맙니다. 스윙월드에선 기적을 불러올 수 없어요."

"스윙월드 안에선 아무리 열심히 노력하고 기도해도 얻을 수 없다는 말인가요?"

"찾고 구하는 것 자체가 결핍을 의미합니다. 풍요는 이미 받았다는 느낌이에요. 당신이 어디 속해서 어떤 기도를 하는지가 중요합니다. 그 기도에 담긴 에너지가 결핍인지 풍요인지에 따라 당신 삶에 그대로 투영되기 때문이에요."

진짜 소원이 이뤄지는 기도

"산 위에서 시원한 바람이 불고 있어요. 당신은 그 바람을 만끽하고 싶고요. 그런데 자동차 안에서 창문을 꼭 닫고 운전대만 잡은 채 계속 액셀을 밟는다고 생각해보세요. 바람이 들어올까요?"

"그건 바보 같은 행동이죠."

"그래요. 스윙월드에 사는 인간들은 그렇게 합니다. 운전을 멈추고 차를 세워 창문을 열면 된다는 걸 모릅니다. 자동차 문을 열고 밖으로 나가서 투명한 감정으로 풍요를 느끼면 됩니다. 그 다음부턴 바람이 알아서 합니다."

갑자기 조바심이 났다. "그 방법을 제대로 터득하면 돈도 아주 많이 벌 수 있게 되나요?" 말을 하고 바로 후회했다. 너무 속물적이라서 부끄러웠던 것이다.

한참 고개를 들지 못했다. 실수했다는 생각에 눈을 꼭 감는다. 온몸에 땀이 흐른다. 고개도 들지 못하고 가만히 이레의 반응만 기다렸다. 아무 기척이 느껴지지 않는다. 조심스레 실눈을 떠본다.

그런데…… 이레는 사라지고 없었다. 소중한 시간을 나는 경솔한 말 한 마디로 망가뜨리고 말았다. 내 잘못이다. 시계를 들여다봤더니 2시 5분 전이다. 이레와 보낸 첫 수업은 몇 시간이고 이어진 것처럼 느껴졌지만 실제로는 채 1분도 되지 않았다.

멍하니 앉아 있던 나는 노트북을 챙겨 부랴부랴 세미나장으로 향했다. 오후 세미나가 시작되었다. 길고 지루한 강의 속에서 어느

덧 이레와의 만남은 아주 오래 전 일처럼 멀어졌다. 강의는 저녁식사 직전에 끝이 났다.

저녁식사를 대충 마치고 식당에서 나와 구내서점 앞을 터덜터덜 지날 때였다. 창문에 붙은 글귀가 내 눈을 사로잡았다.

———— "얼마나 갖고 있느냐보다 얼마만큼 비우느냐가 더 중요합니다. 비워야만 가득히 받을 수 있는 것이 우리의 삶입니다. 당신 자신에게서 눈을 떼고 당신이 아무것도 아님을, 아무 가진 것이 없으며 아무것도 할 수 없음을 기뻐하십시오. 우리가 그분께 드릴 것이 정녕 아무것도 없다면 아무것도 아닌 것 자체를 드리기로 합시다."

– 마더 테레사

이레와의 대화가 떠오르는 기도 문구다.

얼마나 갖고 있느냐보다 얼마나 비우느냐가 더 중요하다니. 테레사 수녀는 낡고 왜곡된 생각을 모두 뺀 것이 아닐까? 그렇기에 아무 가진 것 없는 텅 빈 마음으로 신 앞에 나아갔구나. 그래서 신을 통해 넘치는 사랑과 힘을 받은 것인가? 아무것도 없다는 건 부끄러운 게 아니라 '엄마를 믿고 사랑하는 순수한 아기의 마음' 같은 건가? 아무것도 없다는 건 신을 그만큼 신뢰한다는 뜻인가? 그래서 이런 글을 쓸 수 있었나? 이레가 말한 낡은 생각을 빼고 새로운 생각을 넣으라는 게 이런 거였나?

나도 테레사 수녀처럼 통하는 기도를 하고 싶다. 그러려면 어떻게 해야 할까? 갑자기 마음이 다급해지며 욕망이 부글댄다. 왜 나는 해도 안 되는 거야? 맑던 마음이 먹구름이 잔뜩 낀 것처럼 흐려졌다.

테레사 수녀가 한 말을 다시 보았다. 좋은 말이지만… 쳇! 깎아내리고 싶은 마음이 올라왔다. 수녀님은 좋겠다. 나보다 기도하는 법도 잘 알고 사람들도 많이 돕고 인정도 받고 역사에도 남고. 분명 나랑은 다르지. 난 못났으니까.

수녀님과 나를 비교하니까 배가 아프다. 비교하자마자 바로 부정적인 마음이 생긴다. 이 마음의 정체는 뭘까? 정말 이상하다. 어느새 내 가치를 깎아내리면서 비교·판단이라는 검정 구두약을 바르고 있다. 이놈의 구두약을 참 지치지도 않고 바르는구나!

하지만 이레와 만나고 나서 달라진 것이 있다. 예전엔 구두약을 바르는지조차 모르고 발랐는데 이제는 그걸 알아차린다. 예전엔 연극 속 구두약을 바르는 주인공이었다면 지금은 관객석에 앉아 구두약을 바르는 내 모습을 보고 있다. 조금은 거리를 두고 내 행동과 감정을 바라볼 수 있다.

심술이 가득한 르상티망 과잉

생각해보면 나는 온 세상을 다 시샘했다. 어린 친구를 보면 젊음이 부럽고 미혼인 사람을 보면 자유가 부러웠다. 일 잘하는 사람의 능력이 부럽고 집 가진 사람의 여유가 부러웠다. 부모 잘 둔 사람도 부럽고 잘나가는 사람의 능력도 부러웠다. 교양 있는 사람도 부럽고 돈 잘 버는 사업가도 부러웠다. 남편 잘 만나고 몸매가 예쁜 사람도, 자식들이 공부 잘하는 사람도 질투 났다. 나 빼고 모두가 잘사는 것처럼 보였다.

철학자 니체는 자신이 가지지 못한 것을 남이 가졌을 때 느끼는 시기심을 불어로 르상티망Ressentiment 이라고 했다. 나는 늘 르상티망 상태. 자존감 바닥, 분노 조절장애, 감정의 롤러코스터…. 그게 딱 나다.

"이미 받았다는 느낌이 풍요입니다." 이레가 마지막으로 했던 말이 생각났다. 내 마음은 풍요와 거리가 멀다. 분노와 질투로 얼룩진 먹구름 같다. 그런 탁하고 무거운 마음으로 하는 기도가 잘 이루어질 리 없다. 신이 보아도 고깝고 하찮았을 것이다.

돌이켜보면 나는 뭐든 부정적인 쪽으로 생각하는 버릇이 있었다. 이유는 있다. 집은 가난하고 부모님은 싸우고 돈도 없고 공부도 별로였으니까 그런 환경에선 좋은 생각이 싹틀 수 없었다. 미래를 생각하면 막막하고 답답하다.

별점 2개 반짜리 인생

내가 주인공이 되어 영화를 찍는다면 아마도 〈악바리 김씨의 인생〉 정도가 될 것이다. 별점은 후하게 쳐봐야 2개 반. 좋을 것 없는 고달픈 인생이다. 아이들이 생기고 나니 돈 벌기가 더 어려워졌다. 하긴 남의 돈 먹는 게 어찌 쉬울까? 내 맘대로 시간도 써가며 돈도 잘 버는 그런 직업은 꿈일 뿐이다.

뒤숭숭한 마음과 달리 리조트의 날씨는 정말 좋다. 해가 길어서 저녁식사를 마쳤는데도 여전히 환하다. 하늘은 세룰리안 블루. 여름날 바닷가에서 만날 수 있는 보석 같은 푸른빛이다. 하늘 속 뭉게구름도 비현실적으로 아름답다.

장미정원 구석에 있는 등받이 의자에 앉아 노트북을 폈다. 강의를 듣는 동안 밀려 있던 업무를 처리하고 나서 잠시 고개를 들어 하늘을 올려다보았다. 천사 이레를 다시 만날 수 있을까?

생각에 잠겨 있는데 귀여운 할머니 한 분이 종종 걸어와 내 옆에 앉는다. 고운 양산을 쓴 작은 체구의 할머니다. 깨끗한 연핑크 니트에 분홍 잔꽃무늬 치마, 흰 양말에 낮은 굽의 베이지색 샌들, 동그란 얼굴보다 더 동그란 안경을 쓰고 있어 만화 캐릭터 같다. 양산까지 핑크 꽃무늬다. 어딜 가든 환영 받는 사랑스러운 모습. 칙칙한 내 옷차림과는 반대다. 리조트에 가족들과 여행이라도 오신 걸까?

"뭘 그렇게 열심히 해요? 금요일 저녁인데 얼마나 돈을 많이 벌려고?" 할머니가 물었다.

"당연하죠. 돈 많이 벌어야 돼요." 난 웃으며 대답했다.

"너무 아등바등하지 마요… 평안하게 기도해 봐요." 순간 나한테 전도하려는 건가? 의심이 들었다. 그러나 대화를 피하고 싶은 생각은 들지 않았다.

"제가 얼마나 열심히 기도하는데요."

"그렇게 기도하면 이뤄지던가요?" 할머니 눈빛이 순간 예리하게 느껴졌다.

폭망한 나의 기도 리스트

기억하는 한 내 기도는 모두 실패했다. 심지어 더 나빠지기도 했다.

시험 잘 보게 해주세요 ⋯▸ 못 봤다.

살 빠지게 해주세요 ⋯▸ 안 빠졌다.

남자친구랑 잘되게 해주세요 ⋯▸ 헤어졌다.

원하는 학교에 붙게 해주세요 ⋯▸ 떨어졌다.

좋은 회사에 취업하게 해주세요 ⋯▸ 서류심사에서 탈락했다.

월급 더 많이 받고 인정받게 해주세요 ⋯▸ 회사에서 쫓겨났다.

부모님이 돈 많이 벌게 해주세요 ⋯▸ 가게가 망했다.

부자 되게 해주세요 ⋯▸ 근처에도 못 가봤다.

복권 당첨되게 해주세요 ⋯▸ 5만 원짜리도 된 적이 없다.

내 기도에는 뭔가 심각한 문제가 있는 게 분명하다.

돈의 신은 말이 아닌
느낌을 읽는다

없음의 기도는 모래성처럼 무너진다

나의 신은 기도한다고 응답하는 존재가 아니었다. 신의 주특기는
침묵이다. 사람이 다 죽어나가고 아무리 난리를 쳐도 대답 같은 건
돌아오지 않는다. 다들 기도하고 응답 받았다고 하는데 나는 왜 이
모양일까? 나의 신은 뭘 하고 계신 걸까?

할머니는 내 마음을 읽기라도 하듯 조용히 몸을 굽힌다. 바닥에
있는 모래를 한 움큼 쥐었다가 손가락 사이를 벌렸다. 어느 새 붉
은 노을이 지고 있다. 지는 해처럼 할머니의 손가락 사이로 쑤욱
모래가 빠져나간다. "당신의 기도는 이 모래 같아요. 꽉 쥐어보려

하지만 결국 빠져나가버리고 말지요."

"그럼 어떻게 해야 돼요? 이젠 이뤄지는 기도를 하고 싶어요."
부끄럼도 없이 처음 보는 할머니에게 매달렸다.

"뭘 위해서 기도했지요? 뭐가 가장 갖고 싶었나요?"

"당연히 돈이죠. 아이들한테 미안해서라도 이사 그만 다니고
집을 사고 싶어요."

얼마나 오래 인생에 돈, 돈, 돈 제발 돈 좀 쏟아지라! 하고 간절
히 바랐던가. 나만 그런가? 온 국민이 그렇다. 아침부터 밤까지 돈
타령을 놓질 못한다.

"솔직해서 좋네요. 돈을 생각하면 어떤 마음이 들지요? 돈을 많
이 가지면 뭐가 좋을까요?" 할머니가 물었다.

"걱정이 없죠. 집도 사고 여행도 맘껏 다니고 가족에게 해주고
싶은 거 다 해주고! 나는 돈을 간절히 원해요!"

할머니 입가에서 미소가 사라졌다.

"그런데 그래서는 돈이 올 수가 없어요."

원한다는 것 자체가 가난하다는 의미

나는 깜짝 놀랐다. "왜죠?"

"당신의 무의식에 온통 원한다는 말만 가득하니까요."

"없으니까 원하는 거예요. 간절히 원하면 이뤄진다고 하잖아요."

"원한다는 건 없다는 의미예요. 없음의 기도는 뿔뿔이 흩어지

는 모래 같아요. 신은 당신의 '말'이 아니라 '느낌'을 읽습니다. '없음'이 가득한 기도는 신으로 하여금 '없음'의 현실을 창조하게 만들어요. 원한다고 기도하는 사람은 계속 원하기만 하는 현실을 창조하고요."

이해가 되지 않는다. 그러면 원하지 않는다고 기도하란 말인가?

"결혼하고 싶다고 말하는 사람은 결혼했을까요? 하지 않았을까요?"

"하지 않았겠죠."

"부자가 되고 싶다고 말하는 사람은 부자일까요? 아닐까요?"

"······아니···겠죠." 흠칫 놀라며 대답했다.

"간절하다는 건 결핍이 가득하다는 뜻입니다. 무의식 속에 '없다'는 가난의 생각이 가득해요. 그러니 무언가를 원하는 마음은 내려놓아야 해요. 이미 충분해서 더 바랄 것이 없다는 마음을 가져 보세요."

"저처럼 없는 사람이 어떻게 원하는 마음을 내려놓겠어요. 돈이 없는데 돈을 원하는 마음을 내려놓는다? 말이 쉽지요. 없고 절박해서 기도하는 거지 다 가졌다면 기도할 이유가 없지 않을까요?" 말을 하면 할수록 부정적인 기분이 든다. 어느 새 목소리가 끓어오르는 양은냄비 뚜껑처럼 파르르 떨렸다.

지금 이 순간 '있음'에 집중하라

"없음에 집중하는 마음은 현실의 없음을 만들 뿐입니다. 이런 마음은 자식들에게까지 대물림되지요. 현재 상황을 뛰어넘는 생각을 하세요. 당신이 이미 가진 축복을 세어보세요. 모든 걱정에 사랑을 보내세요. 당신의 세상에선 모든 것이 잘되고 있습니다."

자식에게 대물림된다는 말이 꽂힌다. "저도 노력했죠. 좋은 말 좋은 생각만 하고 예쁜 집이나 부자들의 일상, 여행지도 많이 찾아보면서 좋은 기운을 받으려고…."

"뭘 보는가는 중요하지 않아요. 그때 당신의 감정, 느낌이 더 중요합니다. 식당에 두 사람이 앉아 있어요. 한쪽은 배가 고프고 다른 쪽은 배가 불러요. 메뉴판에 있는 음식 사진을 열심히 들여다보는 쪽은 배가 부른 사람일까요? 고픈 사람일까요?"

"배고픈 사람이겠죠."

"맞아요. 배가 고프면 마음 상태가 어떻게 되던가요?"

"먹어야 한다는 생각밖에 없어요. 조급하고 초조하고 예민하고 화가 나기도 하고."

"욕구가 있다는 건 부족하다는 뜻이고 곧 결핍입니다. 당신의 기도는 배고픈 사람, 가난한 사람의 기도예요. 항상 없는 것, 필요한 것, 되어야 하는 것에 초점을 맞추죠. 현실이 만들어지는 원리는 아주 단순해요. 결핍의 마음이 결핍의 현실을 만들고 풍요의 마음이 풍요의 현실을 만듭니다. 당신이 가장 많이 머무는 곳이 집이 됩니다. 마찬가지로 당신이 가장 많이 느끼는 감정이 당신이 현실이 됩니다. 마음으로 왕이 될 수도 있고 거지가 될 수도 있습니다. 삶은 내 마음을 거울처럼 비춰줄 뿐입니다. 지금 이 순간 '이미 있음'에 집중해보세요."

당신의 기도는 부자의 기도인가 가난한 자의 기도인가?
없음을 하소연하면서 달라고 기도했는가? 가난을 비참해하
며 슬픈 마음으로 부자가 되게 해달라고 기도했는가? 그때
당신의 느낌은 어땠는가?

현실의 창조는 무의식에서부터 시작된다. 무의식 안에 어떤
씨앗을 심느냐에 따라 열매가 달라진다. 무의식 속에 풍요의
씨앗이 가득하면 풍요의 열매가 맺힌다. 결핍의 씨앗이 가득
하면 결핍의 열매가 맺힌다.

하늘은 하늘의 것만 받아들이니 그것이 씨앗만한 속세의 때라 해도 그것
은 하늘에 오르기엔 너무나 무거운 것이다.

— 구아진, 《미래의 골동품가게》

길에 돈이 널렸고
당신은 그걸 마신다

있음의 감정이 풍요를 끌어온다

원하는 마음을 놓아버린다? 아이러니한 말이다. 이미 갖고 있다
는 풍요의 마음으로 기도하고 이미 있음을 먼저 찾아라?

"가졌다고 생각하면 가질 수 있게 된다는 말씀이세요?"

"그래요. 아주 간단해요. 없다는 마음을 내려놓고 있음을 느껴
보세요. 그러면 풍요의 현실만 창조될 겁니다."

할머니는 두 팔을 펴서 크게 저으면서 커다란 2개의 원을 그렸
다. "자 봐요. 평소엔 보이지 않아도 이렇게 손을 저으면 공기를 느
낄 수 있지요? 공기는 절대 부족하지 않아요. 착한 사람 나쁜 사람

예외 없이 세상 모두에게 허락되죠. 제한도 한계도 없어요. 인간에게 가는 온 우주의 축복도 그렇습니다."

따지고 보니 그렇다. 공기는 햇빛이나 달빛처럼 누구에게나 공평하게 허락된다. 누구에게 더 가고 덜 가고 하는 것이 없다.

행복한 표정으로 설명하던 할머니가 갑자기 휴대전화로 시간을 보더니 말했다. "아 참, 방송 할 시간이네." 그러더니 유튜브를 켜서 들으란 듯이 큰소리로 켜놓았다. 나도 자연스레 강제 청취를 하게 되었다. 누군가의 강연 영상이다. 외국인 여자의 영상이 더빙되어 한국어로 흘러나왔다.

"진리를 알고부터 내 인생은 완전히 변했어요. 우린 무엇이든 다 가질 수 있습니다. 당신은 자격이 있어요. 깨닫고 나면 당신도 이렇게 쉬운 거였어! 할 거예요. 진짜 그렇습니다."

방송을 보던 할머니도 맞장구를 쳤다. "그럼! 원하는 모든 걸 얻고 소원을 이루는 건 공기를 들이마시는 것처럼 쉽지."

대체 무슨 방송일까? 채널명이 잘 보이지 않는다. 소리가 계속 흘러나온다. "우리가 어떤 생각을 믿으면 그것이 현실로 나타납니다. 끝! 그게 전부입니다. 사랑받을 자격이 있다고 믿으면 사랑받게 됩니다. 가난하다고 믿으면 앞으로도 가난할 겁니다. 가질 자격이 없다고 믿으면 가질 수 없습니다. 그러니 마음을 열어두세요!"

한창 흥미진진하게 듣고 있는데 할머니가 갑자기 종료 버튼을 눌렀다. 용무가 있는지 급히 자리를 뜨려 한다. 다음 내용이 너무 궁금했던 나는 염치불구하고 할머니를 붙잡았다. "죄송하지만 뒤를 더 들려주시면 안 될까요?"

할머니가 나를 잠시 쳐다보더니 못 이기듯 다시 자리에 앉았다. "그럼, 아주 조금만 더."

할머니가 다시 방송을 틀었다. 심장이 쿵쾅댄다. 양해를 구하고 휴대전화를 꺼내서 음성녹음 버튼을 눌렀다. 두고두고 기억하고 싶다.

생각은 익숙한 것을 반복재생한다

"잘 관찰해보면 우리 생각은 계속 같은 내용을 반복재생하고 있다는 걸 알 수 있어요. 같은 레퍼토리만 반복합니다. 그걸 멈추려면 반대를 생각해야 해요. 돈이 없는데 '돈이 많다'고 생각하려면 거부감이 들 거예요. 하지만 머릿속 부정적인 것과 정반대를 생각하는 게 먼저입니다. 그러면 모든 게 변합니다. 나 역시 그 방법으로 빚을 다 갚았으니까요."

"아이고 축하합니다. 잘했어요." 할머니가 흥겹게 추임새를 넣는다. 빚을 갚았다는 말에 귀가 더 솔깃해졌다.

"부정적인 생각은 우리 무의식 속 믿음에서 나옵니다. 우린 그 믿음을 거부하지 않고 받아들입니다. 심지어 그 믿음을 사실과 구별하지도 못하지요. 믿음과 사실과 구별하려면 내면의 소리를 잘 들어야 해요. 고집과 편견이 없는지 자세히 봐야 합니다. 고집과 편견 안에 바로 믿음이 있거든요. 머릿속 목소리, 익숙한 소리, 나를 잘 아는 것 같은 목소리, 마치 나 자신인 것 같은 목소리…. 그건 내가 아닙니다. 그건 그저 프로그램일 뿐이지요."

스윙월드 프로그램의 새빨간 거짓말

방송을 듣던 할머니가 대답하듯 박자를 맞춰 말했다. "그럼 스윙월드의 새빨간 거짓말이지…. 그건 에고의 힘이야."

나는 깜짝 놀랐다. '스윙월드? 그걸 할머니가 어떻게 알지?' 머릿속이 뒤죽박죽이 되려는데 방송이 계속 흘러나왔다.

"비밀을 알기 전엔 하지 말아야 할 것만 골라 했죠. 스스로를 의심하고 무가치하다고 비하하고 스트레스를 방치했습니다. 늘 주먹을 움켜쥐고 긴장한 채 살았어요. 다음엔 안 좋은 일이 생길 게 뻔해 하고 생각하며 살았습니다. 특히 '난 돈이 없다'는 믿음이 강했어요."

콕 짚어 내게 하는 말 같다.

"길을 걸으면서도 혼잣말을 했어요. '모든 곳에 돈이 있다. 숨어 있는 내 돈을 들이마신다!' 스스로에게 확언했습니다. '나는 숨 쉴 때마다 부유해진다. 나는 부 자체다. 나는 부자다. 나는 풍요롭다. 나는 받을 자격이 있다.' 확언을 집 곳곳에 붙여두고 매일 보고 읽었습니다. 그때 내가 떠안은 빚이 무려 200만 달러였습니다."

200만 달러면 한국 돈으로 20억이 넘는다. 얼마나 막막했을까?

"회계 담당에게 당부했어요. 회사가 살아있게만 해 달라. 그러면 내가 어떻게든 해내겠다. 그 다음 뭘 했을까요? 모든 신용카드 한도를 최대로 높였습니다. 받을 수 있는 대출도 다 당겼고요. 빚이 나를 깔아뭉갤 지경이 되었죠. 이제 기댈 것은 운밖에 없었습니다. 매달 우편으로 청구서가 날아왔는데 공포감 때문에 우편함을 확인하기가 힘들 정도였습니다."

고지서가 공포라는 말이 뭔지는 나도 잘 안다. 생필품을 사고서 영수증을 볼 때면 심장이 오그라들었다.

-를 +로 바꾸고
거기에 0을 붙이세요

현실은 두려워하는 것을 끌어당긴다

"시간이 지날수록 빚만 늘고 돈은 벌리지 않았습니다. 그래서 모든 걸 거꾸로 하기 시작했어요. 청구서를 보고 그걸 내가 받은 수표라고 바꿔서 상상했습니다. 그래도 빚을 갚기엔 부족했습니다. 급기야 거기에 0을 더 붙였습니다."

마이너스 현실을 플러스라고 상상한다? 천사 이레와 함께 했던 생각 바꾸기 연습과 비슷하다.

"빚을 두려워하면 더 많은 빚을 끌어당길 것 같았습니다. 빚이 아니라 돈이 생긴다고 생각하고 궁핍한 사람들에게 돈을 나눠주기까지 했습니다. 그런데 신기하게도 그러고 나면 예상치 못했던 곳에서 진짜 돈이 들어왔어요. 청구서를 왕창 받아 돈이 생겼으니 사고 싶은 걸 신나게 적어봤습니다. 모든 걸 다 가진 상상을 했습니다. 마침내 나의 비밀을 세상에 알릴 수 있게 되었고 리스트에 적은 모든 걸 가질 수 있게 되었습니다. 지금 난 바다가 보이는 집에 살고 있어요. 내가 할 수 있었으니 누구나 할 수 있습니다. 부족함이 느껴지지 않을 때까지 계속 하기만 하면 됩니다!"

박수갈채와 함께 강연이 끝났다. 할머니는 종료 버튼을 눌렀다.

"방송이 끝났네. 참 말을 잘해." 할머니도 떠날 채비를 했다.

"이 사람이 누구예요?"

"아마 들어봤을 텐데.《시크릿》이라는 책을 쓴 작가. 이제 정말 가봐야 할 시간이네. 스윙월드에서 남은 시간을 신나게 즐겨요. 그러면 곧 그곳을 떠나게 될 테니까." 할머니는 알쏭달쏭한 말을 남기며 춤을 추듯 가벼운 걸음으로 자리를 떴다.

감사하다는 말을 채 건네기도 전에 사라지는 할머니를 쳐다보면서 나는 그 책의 저자 이름을 기억해냈다. '그래, 론다 번, 세계적인 베스트셀러 저자. 이게 그 사람이라고? 그런데 할머니가 한 말은 뭐야? 스윙월드에서 남은 시간을 즐기라니.'

잊어버리기 전에 인상적인 내용을 휴대전화 메모장에 적어내려가기 시작했다. '풍요를 진심으로 믿는 것이야말로 새로운 세상을 창조하는 방법이다.'

할머니의 모습으로 나타난 것은

그때 할머니가 다시 나타났다. "휴대전화를 두고 갔지 뭐야. 호호호." 멍한 표정으로 할머니를 바라봤다. 김이 서린 동그란 안경 뒤로 할머니의 눈동자가 보였다. 나뭇잎의 싱그러운 초록과 나무껍질의 짙은 갈색이 묘하게 섞인 색. 천사 이레와 똑같다! 할머니가 스윙월드를 알고 있는 것도 수상하다. 그 생각에 다다랐을 때 할머니의 윤곽이 점점 희미해지고 그 자리에 서서히 이레의 모습이 나타나기 시작했다. 어느새 눈앞에 커다란 하얀 날개를 가진 이레가 환한 미소를 지으며 나타났다.

내가 말실수를 해서 떠나버린 줄 알았다. 더 이상 찾아오지 않을 줄 알았다. 천사에게조차 버림받은 줄 알았다. 눈물이 핑 돌 만큼 반가웠다. "날 버리고 가버린 줄 알았어요."

"버리긴요. 난 당신이 태어나기 전부터 함께 했고 죽음 이후에도 함께 할 거예요. 당신의 수호천사니까."

"그럼 왜 사라졌던 거예요?" 살짝 눈을 흘기며 말했다.

"정확한 이유는 신만 아시겠지요. 확실한 건 이 모든 것이 당신을 위해 생긴 일이란 것입니다. 무슨 일이 일어나든 점점 더 좋아진다고 믿으세요. 그걸 알면 인생의 어떤 경우에도 더 나은 믿음을 택할 수 있어요."

"무슨 일이 일어나든 점점 더 좋아지고 있다? 그럼 제가 지금까지 돈 없이 구질구질했던 것도 다 신의 계획이라는 건가요?" 원망이 섞인 목소리다.

"신은 당신이 행복하길 바랍니다. 신은 당신이 한계를 벗어나 평안하길 원해요. 당신의 삶은 당신의 무의식 속 그림자를 보여주는 것입니다. 당신 삶의 결핍은 당신이 스윙월드에 있음을 알려주는 증거가 되지요. 스윙월드는 인간이 만들어낸 것입니다. 당신은 지금 스윙월드 안에 있습니다. 그리고 저를 통해 그곳에서 나올 방법을 배울 겁니다. 더 이상 그곳에 머물고 싶지 않게 될 거예요. 오늘이 당신이 살아나는 기회의 날이고 새 역사가 쓰이는 첫 날입니다."

"스윙월드에서 나오면 부자가 될까요?" 이제 이 질문이 부끄럽지 않다.

"공기를 마시는 것에 죄책감을 느껴 마시지 않거나 미래를 위해 더 많이 마셔야 한다고 욕심을 부리는 사람은 없어요. 그것이 본래의 당신이 누리는 풍요입니다. 누구나 스윙월드에서 벗어나 제자리로 돌아가면 모든 한계가 사라집니다. 자연스럽게 공기를 마시듯 몸의 안팎으로 더 많은 축복을 받아들일 수 있게 됩니다. 이제부터 당신이 느끼는 모든 감정에 책임을 지세요. 당신의 생각이 당신의 감정을 만들었음을 알아차리세요. 당신이 아무 힘이 없다고 생각하는 걸 멈추세요. 당신 자신을 없음의 안경으로 바라보지 마세요. 스스로를 그만 못살게 굴어요. 구걸하는 거지 대신 베푸는 왕으로 사세요. 당신 자신을 행복하게 만들어주세요."

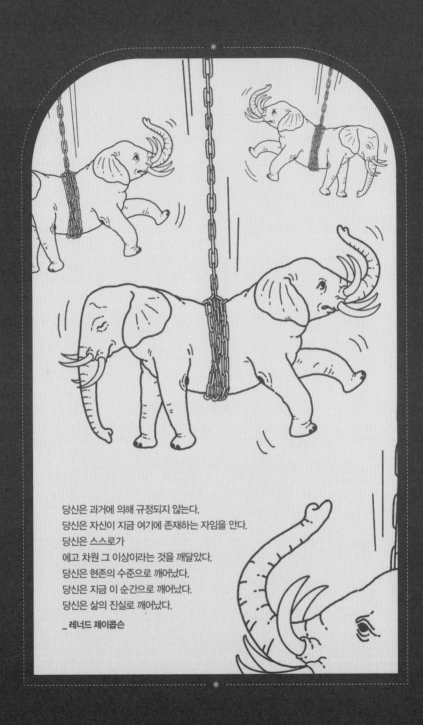

당신은 과거에 의해 규정되지 않는다.
당신은 자신이 지금 여기에 존재하는 자임을 안다.
당신은 스스로가
에고 차원 그 이상이라는 것을 깨달았다.
당신은 현존의 수준으로 깨어났다.
당신은 지금 이 순간으로 깨어났다.
당신은 삶의 진실로 깨어났다.

_ 레너드 제이콥슨

제3장

너덜너덜해진 마음을
리셋하는 비밀 레시피

가족들이 할퀸
깊은 마음 상처들

사랑에 굶주리고 눈치만 보던 아이

'행복…. 나는 무엇으로 행복할까?' 어머니 생각이 났다. 아기 때 나는 주로 친척들 손에 자랐다. 그 다음엔 유치원에 맡겨졌다. 유치원에 가장 먼저 도착해 제일 늦게 떠나는 아이였다.

엄마 아버지는 늘 바빴지만 집은 계속 가난했다. 부모님은 돈 문제로 자주 다퉜다. 그러다 어머니가 돌아가셨다. 아버지와 오빠는 엄마의 빈자리를 채울 수 없었다. 온기 없는 썰렁한 집에서 버티다가 대학에 들어가면서 바로 독립했다. 만나기만 하면 부수고 때리는 아버지와 오빠를 피해서 살려고 나온 거였다. 학비며 생활비를 벌어서 충당했다. 나 하나 앞가림하기도 힘들었다. 그러나 아버지와 오빠를 원망하고 미워하면서도 마음 한 구석엔 돌봐야 한다는 책임감이 있었다.

이십 대의 마지막 무렵이었다. 아버지가 내 키만한 핑크색 곰 인형을 사들고 고시원을 찾아왔다. "이게 뭐야? 얼마나 준 거야?"

10만 원이나 주고 샀다고 했다. 얼큰히 술에 취한 아버지가 인형을 떠안기며 말했다. "많이 힘들지? 미안하다. 어릴 때 사주지 못해 미안하다." 너무 기가 막혀서 말도 안 나왔다. 차라리 돈으로 주지. 원망이 목구멍까지 올라왔다. 비틀거리며 집으로 가는 아버지 뒷모습에 화가 치밀었다.

정작 내가 이런 인형을 필요로 했을 땐 어디 있다가 이제 와서 이게 뭐야. 내 어린 시절이 당신 때문에 얼마나 불행했는데! 큰소리로 따지고 싶었다. 선물을 주며 힘들지 않냐 묻는 친절한 남자가 낯설었다. 나는 방 구석에 인형을 처박았다. 하지만 이사할 때마다 그걸 버리지 못했다. 그것이 아버지가 내게 준 유일한 선물이 될 줄 그때는 몰랐다.

그리움 대신 죄책감만 남은 이별

결혼한 지 1년이 채 안 되었을 때 아버지가 쓰러졌다는 연락을 받았다. 병명은 뇌종양. 교모세포종인데 오른쪽 팔다리에 마비가 올 정도로 심해진 상태였다. 의사는 마음의 준비를 하라고 했다. 그러나 아버지는 받아들이지 못했다. 여러 병원에서 검진하고 수술도 했다. 그러나 의사의 우려대로 오히려 기력이 안 좋아지고 말이 어눌하고 기억력도 나빠졌다. 모은 돈을 헐고 대출에 카드 현금서비스까지 받아가며 겨우 병수발을 했다. 평생 가족 위에 호령했던 아버지는 점점 순한 양이 되어갔다. 신체기능이 저하되어서 마지막 5개월은 호흡기에 의지했다. 겨울비가 내리던 날 아버지는 잠자듯 세상을 떠났다. 내내 들여다보지도 않다가 장례식장에 삐쭉 나타난 오빠는 술을 먹고 소란을 피웠다. 장남이니 조의금을 전부 가져야 한단다. 하나 남은 가족은 내게 아무런 도움이 되지 않았다. 너무 화가 나서 '차라리 오빠가 죽었으면 좋았겠다!'고 퍼부었다. 너무 화가 나서 '차라리 오빠도 죽어버렸으면 좋겠다!'고 생각했다. 그땐 속상하고 힘들어서 제정신이 아니었다. 평생 미워했던 아버지였지만 돌아가시고 나니 후회만 남았다. 못해드린 것만 생각나고 불쌍하고 미안하다는 생각이 들었다.

어머니를 갑작스런 사고로 잃고 아버지마저 고통스럽게 투병하다 돌아가셨다. 부모님의 죽음은 내 마음에 후회, 회한, 비참함, 동정, 죄책감, 원망… 같은 온갖 감정으로 남아 끊임없이 나를 괴롭혔다.

내가 더 잘했다면 달라졌을까? 두 분 다 생각지도 못하게 너무 빨리 돌아가셨다. 효도할 틈도 없이.

이런 나는 절대 행복해져선 안 돼!

'나 자신을 먼저 행복하게 만들라'는 이레의 말에 왜 부모님의 죽음이 떠올랐을까? 아주 가끔 좋은 데 가거나 맛있는 걸 먹으면 죄책감에 눈물이 났다. '우리 엄마 아빠는 이런 거 먹어봤을까? 나만 먹어서 미안하다'는 생각이 들었다. 부모님께 더 잘할 걸 하고 후회했다. 나는 내가 행복해선 안 된다고 생각했던 것 같다. 부모님께 별 도움이 못된 죄인이라서 행복할 자격이 없다는 생각 속에 허우적대면서 스스로를 벌하고 있었다.

내가 의지하던 신도 나를 사랑해주지 않고 외면했다. 잘 보이려고 노력하면 할수록 신은 날 더 불행하게 놔뒀다. 신은 아무리 노력해도 만족시킬 수 없고 함께 있으면 불행해지는 부모와 똑같은 존재였다.

내가 행복하지 못한 것은 내가 잘 살지 못했기 때문이다. 내가 부모나 신을 만족시키지 못했기 때문이다. 이런 믿음 안에서 내가 행복해지는 것은 억지로 강을 거슬러 올라가는 것처럼 버거운 일이었다.

엄망이 된 것은 버리고
백지를 다시 받으세요!

에고가 죽어야 죄에서 벗어난다

"당신은 스스로를 너무 혹사시키고 있어요. 일에만 매달려 진이
다 빠졌죠." 이레는 지금의 내 상태를 정확히 진단해냈다.

나도 모르게 한숨을 쉬며 말을 뱉었다. "다 돈 없는 죄죠!"

돈 없어서 대출 받으러 가본 적 있는가? 친구한테 전화 걸어서
아쉬운 소리 해본 적은? 커피 한 잔 마시고 택시 한 번 타는 것도
주눅 들게 된다. 그게 바로 돈 없는 죄다. 법을 어기거나 남을 해한
것은 아니다. 하지만 그 못지않게 죄인처럼 살게 만든다.

"그래서 부자가 되고 싶은 거예요?" 이레가 물었다.

"돈이 많으면 최소한 주눅 들지 않고 떳떳하게 살 수 있겠죠."

"만약에 죄를 지은 사람이 떵떵거리며 산다면 어때요?" 이레가 다시 물었다.

상상만 해도 구역질이 난다. 죄인은 벌을 받아야 마땅하다. 돈을 많이 가져도 행복해져서도 안 된다. 신이 죄인에게 축복을 내릴 리 없다. 죄인의 재물은 몰수해야 하고 그들은 무릎 꿇고 사죄하며 평생 죗값을 치러야 한다.

이레가 내 생각을 읽어냈다. "당신 생각대로라면 죄인은 뭘 가져도 안 되고 기뻐하거나 행복해선 안 되네요. 축복도 받아선 안 되고요."

"맞아요."

이레가 되물었다. "그런 믿음은 어디서 온 거죠?"

나는 잠시 멍해졌다. 교회? 어른들? 뉴스? 도덕 교과서? 우물쭈물 하는데 이레가 다시 묻는다. "그럼 죄인이 죗값을 다 치르면 여전히 죄인일까요?"

"수감생활을 다 마치고 피해자에게 용서를 구한다면?" 내심 그래도 죄가 씻은 듯이 없어질 순 없다고 생각한다.

"당신은 죄인은 축복 받아선 안 된다는 생각을 갖고 있어요. 죄인에는 당신 스스로도 포함되고요." 이레는 정의 내렸다.

내가 죄인? 고개를 갸웃했다.

"옷에 얼룩이 묻으면 어떻게 하죠?" 이레가 물었다.

"세제를 묻혀 조물조물 빨아 말리죠."

"맞아요. 덕지덕지 붙은 걸 빼내면 됩니다. 제자리로 돌리면 돼요. 당신도 스스로가 죄인이라는 믿음을 버릴 때 비로소 풍요로워질 수 있어요. 그걸 우리는 '에고의 죽음'이라고 불러요."

에고의 죽음? 뭔가 심오하다.

"에고란 나에게 붙인 꼬리표를 말해요. 초등생, 중학생, 회사원, 박사, 실패자, 흙수저, 이혼녀… 모든 종류의 라벨이죠."

우리는 왜 스스로를 혹사시킬까?

"꼬리표가 다 나쁜 건 아니잖아요?"

"어이, 초등생! 이렇게 부르면 어때요?" 이레가 장난스럽게 묻는다.

"에이…, 제가 초등학교 졸업한 지가 언젠데요?"

"맞아요. 당신은 성장해서 더 이상 초등학생이 아니에요. 그런데 한때 자기를 규정했던 꼬리표에 얽매여 사는 경우가 얼마나 많나요? 가난뱅이, 피해자, 실패한 사업가, 재수 지지리 없는 사람…. 거기 눌려 살죠. 스윙월드는 꼬리표를 반복해서 알려주는 걸 아주 좋아합니다."

이레의 말이 이해가 된다. 사람을 어느 하나로 규정할 순 없다.

"만약 누군가 연필로만 지구를 그린다면 어떨까요? 지구의 아름다운 색을 표현할 수 있을까요? 인간에겐 어떤 단어로도 표현할 수 없는 깊은 아름다움이 있어요. 인간은 그 모습 그대로 모두가 귀하고 완전합니다. 신의 모습 그대로 만들어졌기 때문이에요. 그걸 모르면 단 몇 개의 꼬리표를 자신이라 믿어요. 자신을 감옥에 가둔 줄도 모르고 살게 됩니다."

이레는 설명을 계속했다. "에고의 죽음은 진짜라고 믿고 있던 낡고 왜곡된 생각감정의 꼬리표를 끝내는 걸 말합니다. 꼬리표에 집착해 그게 나라고 믿는 순간 고통이 생겨납니다. 생각감정과 나를 동일시하던 걸 끝내면 에고 역시 죽게 됩니다. 좋은 집착도 있다고 생각할지 몰라요. 명문대 출신, 부잣집 상속인 같은 꼬리표 말이에요. 하지만 그것 역시 집착하면 나를 불행하게 하긴 마찬가지입니다. 영원한 꼬리표는 존재하지 않으니까요. 그런 걸 다 내려놓으면 진실로 편안해질 수 있어요."

"그러고 보니 제게도 꼬리표가 엄청 많았네요. '엄마 힘들게 한 딸', '선생님 말 안 듣는 학생', '회사에서 열심인 사원', '가족을 돕는 착한 딸'…."

이레의 말을 듣고 나라고 믿었던 생각감정에 대해 떠올려보았다. 스스로에게 온갖 꼬리표를 붙이고 거기 어울리지 않을 때마다 내 잘못이라고 몰아붙였다. 더 열심히 일하고 부지런해야 겨우 살 수 있다고 믿었다. 끝도 없는 지옥의 쳇바퀴에 습관처럼 스스로를 몰아넣고 있었다.

당신이 진짜라고 믿었던 낡고 왜곡된 생각감정의 꼬리표를
떼어버려라. 생각감정과 나를 분리하라.

대부분의 사람은 잠들어 있다는 사실도 모른 채 잠들어 있다. 잠든 채 태어
나고 잠든 채 살아가고 잠든 채 결혼하고 아이를 낳아 기른다. 결국 깨어나
지 못하고 잠든 채 죽음을 맞이한다. 그들은 기계처럼 살며 기계처럼 생각
하고 느낀다. 보통은 타인의 생각과 감정이다. 기계처럼 행동하고 반응한
다. 그들은 우리가 인간이라고 부르는 것의 아름다움과 사랑스러움을 결
코 이해하지 못한다.

　　　　　　　　　　　　　　　　　　　　 – 앤서니 드 멜로, 《알아차림》

일어나는 모든 일은 다 좋은 일이다. 무엇이 어떠해야 한다는 생각과 편견
없이 그저 바라본다면 모든 것은 그저 그 자체로 완벽하다.

　　　　　　　　　　　　　　　　　 – 바이런 케이티, 《기쁨의 천 가지 이름》

과거와 미래가 0이 되는 순간

"꼬리표를 모두 떼어내고 나면 온 우주를 다 담을 수 있는 텅 빈 공간이 나타납니다. 거기에 원하는 대로 신나게 그림을 그릴 수 있습니다. 에고의 힘Force 이 사라지고 우주의 힘Power 이 드러나는 공간이죠."

"멋진데요. 다시 그려갈 수 있는 삶이 새로 생겨요? 괴롭고 억울한 과거는 다 잊고요?"인생 리셋을 상상해본다.

"얼룩이 가득한 곳에서 억지로 빈틈을 찾는 것은 강물을 거슬러 올라가는 것과 같아요. 힘들어요. 모든 걸 다 흘려보내고 텅 빈 새로운 공간에 원하는 대로 그림을 그리는 것은 편하죠. 강물을 따라 저절로 흐르는 우주의 힘과 함께니까요. 에고의 죽음은 곧 스윙월드로부터의 탈출입니다. 우주의 힘이 가득할 때 삶은 고귀함으로 가득 차게 됩니다. 기분 좋게 나를 위해 온 우주가 차려준 기쁨의 만찬을 즐길 수 있게 되지요. 물론 여전히 과거를 기억하고 미래를 상상할 수도 있습니다. 하지만 점차 모든 생각에 어떠한 두려움도 끼어들지 않게 됩니다."

"그런데 궁금한 게 있어요. 과거를 떠올리면 나쁜 상상만 하게 되더라고요. 엄마가 음주운전자 차에 치여 돌아가셨으니까 나도 그렇게 죽지 않을까 걱정해요. 우리 아이들이 교통사고로 죽을까봐 두렵기도 하고요. 이건 왜 그럴까요?"

"과거의 고통을 미래에 투사하는 것입니다. 낡고 왜곡된 생각감정의 안경을 끼고 세상을 보는 거죠. 색안경을 끼게 되면 과거를 떠올릴 땐 고통스럽고 미래를 상상할 땐 두려워집니다. 모두 내려놓고 좋은 것만 취하면 한 차원 높은 넓은 세상이 열리게 됩니다."

"내려놓는 건 어떻게 하는 거죠?"

"간단해요. 색안경을 벗으면 되지요. 불필요한 생각과 감정을 내려놓는 것입니다. 시간의 관점에서 보면 과거와 미래를 내려놓는 것입니다. 과거와 미래를 모두 내려놓으면 오직 현재만 남게 됩니다. 모든 불필요한 걸 빼내면 비로소 텅 빈 공간이 드러나지요. 꼬리표를 떼어낸 빈 공간에 모든 것을 새로 담을 수 있습니다. 과거에 대한 집착, 미래를 향한 욕심이 모두 0이 됩니다. 그것이 완전한 내려놓음, 꼬리표가 존재하지 않음, 무의식의 정화, 에고의 죽음이지요. 꼬리표가 사라지면 지금 이 순간만 남아요."

"그러고 보니 진짜 행복했던 추억을 떠올려보면 그랬네요. 사랑하는 사람과 키스할 때, 아름다운 일출이나 노을을 볼 때, 쌔근쌔근 자고 있는 아이를 볼 때… 오롯이 현재만 남아 있었어요." 깨달음이 비가 그친 하늘의 무지개처럼 피어났다.

"맞아요. 지금 이 순간 진실로 깨어나게 됩니다. 고귀함만 간직한 채 우주가 선물한 '지금'을 즐길 수 있게 됩니다. 그때가 에고의 힘이 빠지고 우주의 힘에 나를 맡긴 상태가 되지요."

"앞으로 전 어떻게 해야 할까요?"

아등바등
스윙월드에 사는 사람들

나를 조종하고 움직이는 것들

"해답을 얻기 위해 우리 움직여요. 이제 스윙월드에 갈 때가 된 것 같네요." 이레가 손을 건넨다.

"지금요? 스윙월드를? 바로요? 싫어요. 안돼요. 너무 늦었어요. 내일도 강의가 줄지어 있고." 이레와 보내는 시간은 세상의 시간과는 다르게 흘러간다는 걸 알지만 왠지 망설여졌다.

"지금과 다르게 살고 싶다고 하셨죠?"

"알았어요." 일어서긴 했지만 막연한 불안감이 든다. 겨우 이레의 손을 잡았다. 우리는 어느 새 미로정원의 입구에 도착해 있었다.

저녁 어스름 달빛 속 미로정원은 고요했다.

"사람들은 무의식의 지배를 받아요. 에고가 계속 강물을 거슬러 올라가라고 말하죠. 그래서 꼬리표를 잔뜩 달고 잡생각과 걱정을 안고 살아갑니다. 과거를 곱씹고 미래를 두려워하면서. 그러면 실제로 세포들이 오그라들어요. 시야도 혈관도 좁아집니다. 기쁨을 운반해야 할 혈액이 두려움을 운반하게 됩니다. 두려우면 제대로 볼 수 없어 어리석은 선택을 반복합니다. 스윙월드에서 억눌려 있던 무의식 감정을 발견하면 자유로워질 수 있어요." 이레가 미로 속을 걸어가면서 설명한다.

"그냥 방치하면 안 될까요?" 무의식을 건드리기가 두렵다.

"방치는 해결책이 될 수 없어요. 외면한 감정은 두려움의 씨앗이 됩니다. 방치하면 더 깊이 뿌리를 내리고 열매를 뿌려 번식하죠. 두려움의 횟수, 빈도, 크기는 점점 커집니다. 과거의 기억은 왜곡될수록 커지고 그것은 미래에도 부정적 영향을 주지요."

"그런데도 계속 내버려두고 도망만 다니면요?"

"당신의 느낌이 당신의 기도이고 당신의 기도가 현실의 재료가 됩니다. 세상은 당신의 무의식을 비춰주는 거울입니다. 잡초가 생기면 처음엔 뽑기 쉬워요. 하지만 방치하면 뿌리도 깊이 내리고 무섭게 번집니다. 10개가 100개, 1,000개가 되는 건 순식간이에요. 그렇게 두려움이 퍼지는 걸 방치하면 사람은 죽을 지경이 됩니다. 어떤 이들은 그제야 자기 마음을 들여다보기 시작합니다."

"잡초처럼 에고를 뽑아야 하는군요. 나쁜 에고!"

"에고는 나쁜 것도 좋은 것도 아니에요. 그냥 꼬리표일 뿐입니다. 스윙월드의 프로그램으로 낡은 녹음테이프 같은 거예요. 부풀어진 그림자처럼 실제로는 아무 힘도 없어요. 그러니까 에고가 오면 '어, 왔어?' 하고 그냥 반겨주세요. 인정하고 웃어넘기면 됩니다. 아무 판단 없이 바라볼 수 있게 되면 에고는 거품처럼 녹아버려요."

나는 무슨 말인지 몰라 어리둥절해한다. 이레는 내 뒷머리를 쓰다듬으며 더 알기 쉽게 설명해주겠다고 말한다. 나는 이레의 손길이 낯설면서도 반갑다. 이럴 때 이레는 좋은 아버지 같다. 술도 먹지 않고 화도 내지 않을 때의 아버지…. 갑자기 아버지가 보고 싶다.

"혹시 그네타기 좋아해요?"

"어렸을 땐 좋아했죠. 재밌으니까."

"만약에 평생 쉬지 않고 그네를 타야 한다면 어떨 것 같아요?"

"으으… 그건 고문이죠. 어지럽고 피곤해서 힘들어요."

"그런데도 계속 그네를 타야 하는 곳이 바로 스윙월드입니다. 어지럽고 피곤하고 힘든데도 거길 떠나지 못하죠. 거기서 공부하고 학교 가고 직장에 다닙니다."

"말도 안 돼요. 그네 감옥이네 뭐." 생각만 해도 어지럽다.

"출구도 없고 창살이 가득한 감옥에서 평생 그네를 타면서 자기가 가장 두려워하는 녹음 내용을 반복해서 듣는 곳이 정말로 있다면요?"

당신의 삶은 우주를 위한 하나뿐인 선물

"스윙월드에 익숙해지면 대대로 조상에게 배운 걸 반복하면서 거기 살아갑니다. 태어나기 전부터 꼬리표가 붙기도 하죠. 그네에서 절대 내려오지 않고 서로에게 계속 꼬리표를 붙여주면서 결혼도 하고 아이도 낳고 기릅니다. 아기에게도 벗어나지 못하게 녹음된 프로그램을 계속 들려주며 교육하고요."

"자기들은 몰라도 왜 아이한테까지 그러는 거죠?" 이레의 말은 끔찍하게 들렸다.

"그게 그들이 아는 세상 전부니까요. 우물 안 개구리가 대대로 우물 속에서 사는 것과 같은 거죠. 그들은 밖으로 나가면 죽는다고 두려워합니다."

"정말 답답하네요. 미개인이잖아요. 문명의 혜택을 받고 외부의 정보를 들으면 눈이 트일 텐데."

"신은 끊임없이 스승을 보내줍니다. 바람, 햇살, 나무, 꽃, 동물, 사람, 책, 신문, 우연한 기회…. 그곳을 벗어날 힌트를 계속 주죠. 누구에게나 가장 좋은 시기에 영적 스승이 나타납니다. 세상에 배움이 가득합니다. 온 우주가 우리의 스승이며 우리가 온 우주의 스승이기도 합니다. 우주는 우리에게 '지금 이 순간'을 알려주고 우리는 각자 '독창적으로 창조한 삶'으로 우주에 다양함을 선물합니다."

정말 멋진 말이다. 내 인생이 우주에서 단 하나밖에 없는 독창적인 삶이라니! 새삼 삶이 소중하다는 생각이 든다.

미로 속을 얼마나 걸었을까? 눈앞에 흑색의 캄캄한 별 하나가 보인다. 지구와 달리 풀 한포기가 없는 무채색 땅덩어리다.

"당신은 무엇을 원하나요? 계속 스윙월드에 머무르고 싶은가요? 아니면 거기서 벗어나 자유롭고 싶나요? 어떤 선택을 하건 괜찮아요. 당신의 선택이 맞습니다." 이레가 고요하게 물었다. 아무런 압력이 없는 봄바람 같은 부드러운 음성이다.

나는 천천히 숨을 들이마셨다. 그리고 조용히 하늘을 올려다보았다. 그러나 두려움에도 불구하고 새로운 선택을 하기로 결정했다.

"나는 이제 진실을 알고 싶어요."

거대한 코끼리 등에 업혀가는 인생

순간 눈앞이 깜깜해졌다. 몸이 쑤욱 어디론가 빨려 들어간다. 눈을 뜰 수가 없다. 두렵다. 이제 난 어떻게 되는 걸까? 진실을 알고 싶다고 말한 게 잘한 짓일까? 뭔가 잘못되면 어쩌지? 혼란스러운 생각 속에서 바람이 볼을 스치고 지나간다. 조심스레 눈을 뜨고 이레를 바라본다.

"스윙월드에 오신 걸 환영합니다!" 이레가 밝게 말했다.

우리는 스윙월드의 지하 로비에 와 있다. 아까는 멀리서만 보이던 삼각건물 안에 들어왔다. 빛도 거의 없고 으스스한 느낌이다. 건물 안이 밤의 사막처럼 황량하다. 건물 안에 들어온 거 맞나? 너무나 넓다.

이레와 엘리베이터 앞으로 걸어간다. 엘리베이터를 기다리며 건물 모형과 설명을 본다. 제일 넓은 그레이동 1층의 너비는 서울에서 부산까지의 거리이며 위로 올라갈수록 점차 좁아진다. 스윙월드의 각 층당 높이는 100층 건물보다 높은데 이런 것이 8층까지 있다. 엄청난 스케일이다. 만약 이레의 손을 놓치면 혼자서는 영영 빠져나올 수 없을지 모른다. 나도 모르게 침을 꿀꺽 삼킨다.

정신없이 사방을 둘러보는데 이레가 뭔가를 건넨다. 초승달 모양의 작은 단추 같이 생겼다. "이게 뭐에요?"

"소음방지용 귀마개에요. 여기는 시끄러운 곳이거든요."

귀마개를 하면 소음이 차단되고 이레의 음성만 전달된다. 덕분에 대화하는 데 문제가 없다. 다행이다. 마침 투명한 엘리베이터가 도착했다. 떨리는 마음으로 엘리베이터를 탄다. 그리고 벽에 붙은 각 층에 대한 설명을 읽는다. 그 이름들이 예사롭지 않다.

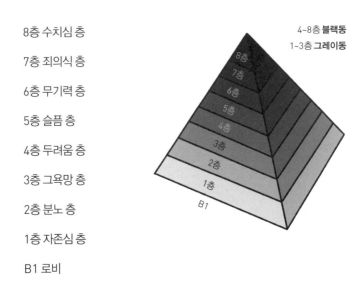

• **스윙월드 안내**

8층 수치심 층

7층 죄의식 층

6층 무기력 층

5층 슬픔 층

4층 두려움 층

3층 그욕망 층

2층 분노 층

1층 자존심 층

B1 로비

4~8층 **블랙동**
1~3층 **그레이동**

스윙월드 안으로 들어오니 이레도 나도 모두 검거나 회색으로 보인다. 마치 흑백텔레비전 속으로 들어온 것 같다. 잿가루와 먼지가 날리는 거대한 대지가 끝도 없이 이어져 있다. 누가 알려주지 않으면 한 층이 하나의 세상이라고 착각할 정도다. 불안한 마음에 움츠러든다. 이레는 그런 나를 환한 미소로 바라본다. 어디선가 기이한 소리가 들린다. 삐걱삐걱, 삐걱삐걱, 삐걱삐걱….

소리의 주인공은 그네다. 소음과 함께 끝도 보이지 않는 공간을 수억만 개의 그네가 가득 메우고 있다. 일반적인 그네가 아니라 쇠사슬에 거대한 짐승이 달린 징그럽고 흉흉한 모습이다.

나는 그네 하나를 자세히 살펴봤다. 거기엔 쇠사슬로 칭칭 매인 거대한 코끼리가 있다. 그런데 뭔가 이상하다. 꼬리가 없고 앞뒤로 머리가 2개 달렸다. 각 머리엔 매머드처럼 크고 긴 상아 2쌍이 달렸다. 코끼리가 그네의 안장 역할을 하고 있는 것이다. 거대한 회전목마에 말 대신 거대 코끼리를 넣어두었다고 해야 하나? 천정에서 내려온 수십 가닥의 쇠사슬에 매인 거대 코끼리 수억만 마리가 계속 앞으로 움직인다. 움직일 때마다 사방이 뿌옇게 되는 먼지 바람이 일어 앞이 잘 보이지 않는다.

2개의 코끼리 머리는 번갈아가며 켜지는 스위치 같다. 앞으로 가자는 쪽은 눈을 뜨고 있고 끌려가는 쪽은 눈을 질끈 감고 있다. 괴이하다. 나도 모르게 이레의 팔을 세게 붙들었다. 두렵다.

"걱정하지 말아요. 제가 곁에 있어요. 무슨 일이 있어도 지켜줄게요." 이레의 말을 듣고 조금 안심이 되었다. 잔뜩 긴장한 나와 달리 이레의 표정은 편해 보인다. 집 앞에 마실이라도 나온 것처럼 여유롭다.

"코끼리가 어딜 향해 저렇게 계속 가는 거죠? 생긴 것도 특이하지만 엄청나게 크네요." 코끼리 키는 30미터도 더 되어보였다.

"끝을 향해 나아가는 거예요."

그때였다. 날개를 편 이레가 내 손을 잡고 50미터 위로 훌쩍 날아올랐다. 으아, 나 높은 곳 무서워하는데…. 눈을 질끈 감았다. 그런데 위에서 보니 코끼리의 이동이 더 잘 보인다. 코끼리 그네에는 저마다 사람들이 타고 있다. 혼자 탄 사람, 남녀, 온 가족이 탄 경우도 있다. 작은 꼬마애가 혼자 타기도 했다. 이들은 코끼리 몸을 휘감은 사슬을 자기들 몸에도 칭칭 감아 떨어지지 않게 고정시키고 있다. 그리고 저마다 코끼리 입과 연결된 고삐를 쥐고 있다. 모두들 연신 고삐를 당기거나 휘두르면서 코끼리를 제어하려고 애쓴다. 하지만 거대한 코끼리는 꿈쩍도 하지 않는다. 그저 주어진 길을 따라 앞으로 나아갈 뿐이다.

"어때요?" 이레가 물었다.

"스윙월드의 스윙 swing 이 코끼리 그네를 말하는 거였군요. 저 사람들이 너무 안쓰러워 보여요. 코끼리 등에서 내리지도 못하고 저렇게 불편하게…. 사람들은 왜 스윙월드에 있는 거죠? 여긴 보이는 게 없는 검은 세상인 걸요. 모두 다 꺼멓게 죽어가고 있어요."

"이유를 알고 싶으면 잠시 귀마개를 빼보세요." 이레가 편안한 얼굴로 말한다. 나는 떨리는 마음으로 귀마개를 뺐다. 순간 온몸에 소름이 돋았다.

과거에 대한 집착과 미래에 대한 두려움이 모두 0이 되는 순
간, 비로소 우주가 당신을 위해 마련한 축복을 온전히 누릴 수
있다.

'무엇'이라고 이름 붙여지는 순간, 우리는 본질 대신 에고로 보게 된다. 그
리고 그것이 진실이라고 착각한다.

―에크하르트 톨레

신은 지금 이 순간에만 만날 수 있다.

과거는 이미 사라진 세계다.

세계는 창조되는 순간에만 있다.

과거도 미래도 허상이다.

미래는 오지 않았고 어떻게 펼쳐질지 모른다.

창조되는 이 순간이 신의 모습이다.

― 사상가 최희수

너 따위가
뭘 할 수 있다고 설쳐!

수치와 절망감 심어주기가 주특기

공중에서 갑자기 손톱으로 칠판을 긁을 때 나는 끔찍한 소리가 들려왔다. "네까짓 게 뭔데. 네가 할 수 있을 것 같아? 모자란 새끼! 넌 부족해." 이 말을 들은 사람들은 머리를 박고 무릎을 꿇은 비굴한 자세로 두 손을 위로 들어 싹싹 빈다. 뭘 그리 잘못한 걸까?

"잘못했지? 죗값을 갚아. 납작 엎드리란 말이야. 못해? 네가 하는 게 뭐가 있어? 나가 죽어!"

기이한 음성은 소리로만 들리는 게 아니다. 목소리와 함께 피부를 뚫고 들어오는 통증으로 온몸이 아려온다. 온몸이 찰과상을 입은 것처럼 후끈거린다. 귀, 피부, 몸뿐 아니라 마음속까지 파고든다. 수치스럽고 절망적인 감정이 밀려왔다.

"제 말을 잘 들어요. 스윙월드의 프로그램은 인간의 마음을 파고듭니다. 가장 어두운 면을 찾아내 공격하지요. 그러니 각별히 주의해야 합니다. 프로그램의 말을 계속 들으면 결국 죽음에 도달합니다. 그러니 믿지 말아요. 저건 오래된 녹음테이프에 불과해요. 여기선 저만 보고 제가 보내는 메시지에만 집중하도록 하세요." 이레의 목소리가 들린다. 그래도 무섭고 도망치고 싶다. 이게 프로그램 소리라고?

잠시 후 황당한 일이 벌어졌다. 프로그램의 목소리를 듣고 빌던 어른들이 곧장 앵무새처럼 그 말을 그대로 흉내 낸다. 노인이 중장년에게, 중장년이 청년에게, 청년이 아이에게 그 말을 들려준다. 남편이 아내에게, 엄마가 아이에게, 아이가 동생에게 프로그램의 말을 반복한다. "너 때문이야. 네 잘못이야. 넌 부족해. 잘하는 게 뭐가 있어? 다 갚아. 노력하라고! 못해? 네가 하는 게 뭐가 있어? 나가 죽어!"

나는 끔찍한 광경에 할 말을 잃었다. 머리가 너무 아파왔다.

"이들은 피곤에 절어 기진맥진한 상태로 살아가고 있습니다. 스윙월드는 쳇바퀴 인생입니다. 뭘 해도 지루하고 큰 의미를 찾지 못합니다. 어디론가 출발한다는 기대에 부풀었다가도 막상 도달하면 실망합니다. 새로운 곳에 도착해도 여전히 스윙월드 안이기 때문입니다." 코끼리 그네 위 사람들의 눈은 생기가 없이 잿빛을 띠고 있다. 오랜 절망에 길들여진 동공은 아주 작아져 있다. 눈동자는 '우리 삶은 지겹고 고통스럽다'고 말하고 있다. 슬프고 측은한 마음이 든다. 나 역시 지친 눈빛을 하고 저기 어딘가에 있을까?

"스윙월드에 사는 이들은 이미 죽은 것이나 다름없습니다. 스윙월드 프로그램에 세뇌된 사람은 자신은 아무것도 할 수 없다고 믿어요. 세상을 두려워하지요. 왜곡된 믿음은 고통의 삶을 창조합니다. 매일 한걸음씩 어둠과 두려움으로 다가갑니다."

"왜 저들을 도와주시지 않는 거죠?"

나는 속이 상해 말했다. 신은 왜 원하는 타이밍에 오지 않는가? 기다리다 지쳐 신의 특기는 침묵일지도 모른다고까지 생각했다. 원망하고 미워했다.

"인간의 눈에는 신이 침묵하는 것처럼 보일 겁니다. 그러나 신은 단 한 번도 침묵한 적이 없어요. 늘 빛으로 신호를 줍니다. 그런데도 사람들은 보지 못해요. 프로그램의 말에 세뇌되었기에 빛을 낯설어 합니다. 넘쳐흐르는 신의 사랑과 축복을 보고도 무시해버리거나 반대로 도망갑니다. 가치를 모르고 뒤엎으며 화를 내기도 합니다. 참으로 안타까운 일이지요. 평생 좋은 것을 받아본 적이 없기에 무조건 의심부터 합니다."

마음의 구멍은 누가 채워야 할까?

노숙자 급식 봉사를 할 때의 일이 떠올랐다. 한 남자가 배식대로 와서 소동을 피웠다. 고기 양이 적다, 물이 미지근하다… 온갖 트집을 잡으며 시비를 걸었다. 진정하시라고 타이르면 '나를 무시하느냐!'며 오히려 더 화를 냈다.

"왜 도우려는 사람을 오히려 의심하는 걸까요?"

"마음에 난 구멍 때문입니다. 자기 스스로 마음에 구멍을 내놓고 남에게 채우라고 강요합니다. 하지만 남이 마음의 구멍을 채워주는 것은 불가능합니다. 어떤 이들은 명품을 두르고 과시를 하고 허세를 부리며 구멍을 감추기도 합니다. 술이나 약, 도박, 성 같은 자극적인 것에 깊이 빠지기도 합니다. 모두 자기 안에 구멍이 많기 때문입니다."

이레가 하는 말엔 이제껏 접하지 못했던 지혜가 가득했다.

"사람들이 싸울 때 '네가 감히 날 무시해?'라고 말합니다. 스윙월드에서도 마찬가지예요. 그들은 자기를 봐달라고 온 우주에 외칩니다. 자기 구멍을 채워달라는 방식도 다릅니다. 블랙동 사람들은 내가 이렇게나 불쌍하니 한번만 봐달라고 합니다. 그레이동 사람들은 내가 이렇게 잘났으니 한번만 봐달라고 하고요. 자기가 자기를 봐주면 되는데 그렇게 하지 않고 외부에서 답을 구하는 것은 똑같습니다."

나는 이레의 말을 주의 깊게 들었다.

"나를 무시하는 사람은 현실과 싸웁니다. 나를 미워하는 사람은 남을 미워합니다. 자신이 마음에 들지 않으니 남도 못마땅해 보입니다. 신의 때를 기다리지 않고 신과 싸웁니다. 자신에게만 특별함을 달라고 윽박지릅니다. 신을 자신의 하인으로 부리려고 합니다. 나를 무시하는 사람은 신을 무시하고 온 세상을 무시합니다. 자신의 마음대로 온 우주를 바꿔야 한다고 주장합니다. 단 하루를 살아도 지옥에서 살다 지옥으로 가지요."

이레의 말이 가슴에 울려 퍼진다. 내 삶이 이제껏 힘들었던 것은 나 자신과 싸워왔기 때문이다. 온 힘을 다해 마음에 들지 않는 나와 싸우고 현실과 싸우고 신과 싸우면서 어떻게 행복할 수 있겠는가?

천국도 지옥도 나 자신이 만드는 것

"신과 싸우는 사람은 마음속 수치심을 감추기 위해 위압적으로 굴며 점점 고립되어 외로워집니다. 신, 현실, 온 세상, 자기 자신과 싸우니 당연하지요. 신이 완전한 세상을 창조했다는 것을 믿지 않습니다. 그는 신이 만든 현실의 완전함을 보지 못하고 불평만 늘어놓습니다. 어딜 가든 어둠속에 숨어 두려움을 말합니다."

세상을 향해 화가 나 견딜 수 없다는 듯 행패를 부리던 급식소의 그 남자 눈빛이 떠올랐다. 벌겋게 충혈된 눈은 불안정했고 두려움으로 가득 차 있었다. 나는 그 눈을 보는 게 두려웠다. 처음엔 무서워서가 아닐까 생각했는데 사실은 그 눈이 내 것과 같아서였다. 그의 두려움이 내가 숨겨둔 마음을 거울처럼 비춰주었다.

"사람은 누구나 신을 닮았습니다. 하지만 스윙월드 프로그램에 세뇌된 사람은 자신의 본 모습을 잊고 있을 뿐이에요."

"신을 닮았다고요? 모든 사람이 그런 건 아니에요. 실제 악마에 가까운 이들도 있어요." 내가 항변하듯 말했다.

"당신은 어디서 왔지요?" 이레가 가만히 물었다. 무슨 질문인지 몰라 멍하니 쳐다보자 다시 묻는다. "당신의 몸은 어디에서 왔을까요? 당신의 유전자는 어디에서 온 거죠?"

"어머니? 아버지? 제 몸은 부모님께 물려받았죠."

"그렇다면 당신의 영혼은 어디에서 왔을까요? 당신 영혼의 유전자는 어디에서 온 거죠?"

"……." 영혼의 유전자? 그런 건 들어본 적도 없다. 잘 모르겠다.

"당신 영혼의 유전자도 어딘가에서 왔을 겁니다. 이 말에 동의하시죠?"

"네."

"그러면 당신의 영혼을 창조한 존재는 어둡고 두려운 마음으로 당신을 만들었을까요? 아니면 빛나고 사랑이 가득한 마음으로 당신을 만들었을까요?"

아이를 낳을 때 기억이 떠올랐다. 오랜 산통 끝에 아이가 탄생했을 때 나는 감사한 마음에 계속 울었다. 갓 태어난 아이는 빛에 쌓여 태어나는 것 같다는 생각을 했다. 내 마음에 그렇게 큰 사랑이 담길 줄 상상조차 하지 못했다. 꼬물거리는 아기를 보면 하루 종일 힘이 났다. 온통 사랑뿐이었다.

"우리는… 빛…과 사랑에서… 왔어요."이 말을 내뱉자마자 걷잡을 수 없는 통곡이 시작되었다. 나는 꺼이꺼이 목을 놓아 울었다. 이레는 내가 충분히 감정을 느끼고 울도록 기다려주었다. 울만큼 다 울었을 때 볼에 바람이 스치는 것을 느꼈다. 내 주위의 수많은 천사들이 나를 보듬어주는 것 같았다. 내가 마침내 알아차린 것을 온 우주가 축하해주는 걸까? 이레는 나의 눈을 바라봐준다. 이레와 온 우주에게 고맙다.

살다보면 악마 같아 보이는 이들도 있다. 그러나 다시 질문해본다. 그들의 영혼은 과연 어디서 왔을까? 그들의 영혼이 다른 곳에서 왔을 리 없다. 그들 역시 신이 사랑으로 빚어낸 존재다.

"맞아요. 우리는 모두 신처럼 맑고 투명한 존재입니다. 때로 형체를 알 수 없이 변형된 영혼도 존재하지요. 그들은 스윙월드 프로그램의 반복된 말에 속은 것뿐입니다. 세뇌된 생각감정이 자기 진짜 모습이라고 너무 오래 믿었을 뿐입니다. 스윙월드 프로그램의 목소리는 진짜 사람의 소리처럼 들립니다. 그러나 그것은 그저 환상일 뿐이며 산 것도 죽은 것도 아닙니다."

"프로그램은 왜 그런 짓을 하죠?"

"프로그램의 목적은 모두 같아요. 자기와 똑같이 만드는 겁니다. 생명이 없기를 바라는 거죠. 스윙월드의 프로그램은 사람을 죽입니다. 스윙월드의 무기는 비교, 판단, 착각, 과장, 서열, 교만 입니다."

자신을 사랑하는 사람은 신을 사랑하는 사람이다. 신을 사랑하는 사람은 신을 닮는다. 신은 그의 눈길과 손길이 닿는 모든 순간과 공간을 천국으로 만들어간다. 어딜 가든 빛을 찾고 사랑을 말한다. 단 하루를 살아도 천국에서 살다 천국으로 간다.

당신은 세상이 다르길 원한다. 당신에게 지금 이 세상을 없애고 당신이 원하는 대로 세상을 다시 만들 힘이 있다고 해보자. 전쟁도 없고 독재자도 없고 모기도 없고 암도 없고 고통도 없고 모두가 웃는 세상으로 말이다. 당신은 결국 어떤 맛도 없는 아주 지루한 세상을 보게 될 것이다. 그래서 소금과 후추를 약간 치기 시작하다 보면 결국 세상은 원래대로 되고 당신은 이 세상이 있는 그대로 완벽했음을 깨닫게 될 것이다

– 프랜시스 루실, 《침묵의 향기》

당신은 세상을 구하러 오지 않았다. 당신은 세상을 사랑하러 왔다.

– 앤서니 드 멜로

사랑이 아닌
말은 보지도 듣지도 마세요

죄책감과 수치심의 도돌이표

"프로그램은 죄와 수치의 무덤에서 태어난 허상입니다. 입만 열면 거짓말이죠. 그래도 스윙월드의 경험에서 교훈을 얻는다면 모든 것은 복으로 변합니다. 반면 죄책감과 수치심의 무덤가에 머문다면 산 것도 죽은 것도 아닌 모습으로 살게 됩니다."

"다 거짓말이야. 저 말을 믿어? 네가 뭐라고 천사가 너를 찾아와. 저게 천사 맞아? 너 따위가 무슨 자격이 있어. 내 말을 들어. 신은 너희를 버렸어. 너를 봐. 아무리 착하게 살려고 애를 써도 가진 것 하나 없는 변변치 않은 존재잖아." 갑자기 프로그램의 소리가 들려온다. 그러자 곧 잘 될 리 없다는 절망적인 마음이 밀려들었다.

이레가 그런 나를 다시 잡아주었다. "조심해요. 프로그램은 당신 마음을 잘 간파하고 있어요. 수치스럽고 감추고 싶은 곳을 들춰서 계속 공격합니다. 들려도 듣지 말고 보여도 보지 말아요. 자칫하면 금세 말려듭니다."

프로그램은 어쩜 이리도 마음을 콕콕 찌르는 말만 골라서 할까? 나는 또 왜 이리 쉽게 휘말릴까? 프로그램에 휘말리는 내가 너무 싫다. 프로그램 말을 들으면 나도 모르게 내가 잘못해서 그랬나? 하는 자책이 밀려온다.

"내 말이 아니면 듣지 말아요. 말을 반복해 듣는 것만으로도 어두움에 물들 수 있습니다. 소리에 휘둘려 자신을 던져선 곤란해요. 그럼 영원히 여기 갇혀 살게 돼요. 눈을 떠요. 위대한 질문을 하세요. 그러면 시야가 다시 맑아집니다."

두꺼운 석판에 '위대한 질문'이 새겨지기 시작한다. 나는 눈을 질끈 감았다 뜬다. 그리고 정신을 차려 질문들을 읽어보았다.

· 신과 프로그램의 목소리를 판독하는 위대한 질문

1. 이 말은 누구에게서 온 것인가? 신인가 프로그램인가?
2. 이 말은 진실인가 거짓인가?
3. 이 말은 사랑인가 두려움인가?

"어느 하나라도 신, 진실, 사랑이라는 답이 즉시 나오지 않는다면 그것은 프로그램입니다."

이레의 응원에 힘입어 나는 힘차게 고개를 휘저었다. 머릿속 복잡한 프로그램의 말들이 우수수 떨어져나갔다. 신의 말이 아니면 듣지 말자. 진실이 아니면 담지 말자. 사랑이 아니면 품지 말자. 신의 말은 진실이며 사랑이다. 사랑은 아무리 많아져도 아무런 해가 없다. 사랑은 많으면 많을수록 좋다.

"스윙월드에서 사람들이 하는 일이라곤 길고 긴 두려움의 길을 코끼리 그네를 타고 움직이는 것뿐입니다. 이동한 만큼 뭔가를 이룩했다고 착각하면서요. 그러나 노력해서 모은 것은 먼지가 되어 흩어집니다. 애써 모아도 바람 한 번에 뿔뿔이 흩어져버립니다. 저 영혼들은 경험으로 그리 되리란 걸 알고 있어요. 그래서 공허하고 퀭한 눈빛을 하고 있습니다."

이레의 말을 들으면서 나는 행복이 손아귀에 잡힐 듯 사라져버렸던 순간들을 떠올렸다.

"그래도 저렇게 어린 아이들도 있는데…. 그들은 뭔가 다른 걸 만들어갈 수도 있잖아요."

"몸은 젊어보여도 정신적으로는 노인입니다. 생명의 힘을 프로그램에게 모두 빼앗겼거든요. 열 살 아이라도 너무 철이 빨리 들어서 100세 노인의 눈빛을 가졌어요. 뱃속에서부터 생존을 위해 계속 눈치보고 기를 써서 그래요. 남들이 한 살씩 나이 먹을 때 저 아이들은 열 살씩 먹어버립니다."

나도 애늙은이 소리를 들었다. "어른들은 그런 아이를 좋아해요. 일찍부터 자기 앞가림하고 싹싹하고 말 잘 듣는…. 그래야 사랑받을 수 있어요!" 갑자기 이 말이 왜 나오지? 나는 즉시 위대한 질문으로 생각을 걸러냈다. 프로그램의 거짓말이다. 내가 붙잡고 있던 프로그램의 말이구나!

"인간은 누구나 존재 자체로 사랑받을 가치가 충분해요. 아이도 존재 자체로 인정받고 사랑받아야 하지요. 어른들이 이기심을 채우려고 아이로 지낼 권리를 빼앗으면 곤란합니다. 철들었다는 칭찬은 어른들의 이기심에서 나온 거예요. 말 안 듣는 아이도 사랑받기에 부족함이 없습니다. 사랑은 조건이 없어요. 미숙하고 부족해도 다 괜찮은 것이 사랑입니다. 물론 아이가 원한다면 어른을 도울 수도 있겠지요. 하지만 어디까지나 진심으로 우러나서 해야죠. 아이가 버림받지 않기 위해 인정받고 사랑받기 위해 어른들의 잣대에 맞게 움직이는 건 어울리지 않아요."

아무리 노력해서 목적지에 도달해도

코끼리 그네 위에서 열심히 어른 눈치를 보는 어린아이. 딱 어릴 적 내 모습이다. 하고 싶은 말이 있어도 삼키고 무섭고 슬프고 외로워도 감정을 누르던 아이. 저 아이의 손을 잡아주고 말을 들어주고 어깨를 토닥여주고 싶다.

"우린 스윙월드에서 벌을 받는 건가요?" 슬픈 마음이 든다.

"신의 관점에서 죄나 벌은 없어요. 신은 단지 사랑할 뿐입니다. 이들은 프로그램 목소리에 귀를 기울였기 때문에 여기 있습니다. 결코 죄가 아닙니다. 무지일 뿐이지요."

"코끼리 그네 위의 사람들은 벌을 받고 있는 것처럼 보여요. 여기야말로 지옥이나 다름없고요. 형벌 같은 게 아니라면 이곳이 존재하는 이유가 뭐죠?"

"이곳은 종착역이 아니에요. 모든 영혼은 사랑을 향한 길 위에 있어요. 스윙월드 또한 신으로 향하는 하나의 경유지일 뿐입니다."

이곳 또한 지나가는 경로라고?

"모든 영혼은 신에게서 옵니다. 모든 사람은 신성을 가지고 태어납니다. 다만 신이 자신의 코에 직접 숨결을 불어넣었다는 걸 잊을 정도로 프로그램에 세뇌된 것뿐이에요. 자기가 신에게서 왔다는 걸 기억하면 비로소 본 모습으로 돌아갈 수 있습니다. 그때 에고의 힘이 사라지고 우주의 힘이 드러납니다. 닫힌 문이 열릴 때 온 우주가 협력해 선을 이룹니다."

"자신이 어디서 왔는지를 기억하면 되는 거군요. 결국 누구 말을 듣고 기억하는지가 중요하네요." 희망적인 말이다.

"그래요. 그러니 기꺼이 신의 세상에 머무르세요. 허상인 스윙월드를 떠나세요. 인간이기에 모자라기도 넘치기도 하는 건 아주 자연스러운 일이에요." 부족해도 괜찮다는 말은 큰 위로가 된다.

"그래도 불쌍해요. 자기들이 어떤 상태인지 모를 텐데…."

사람들은 먼지로 앞이 보이지 않는데도 애써 버티며 눈을 부릅뜬 채 고삐를 연신 당기며 더 빨리 가려고 노력한다. 동시에 코끼리 등에서 떨어지지 않으려고 쇠사슬을 온몸에 더 강하게 휘감는다.

"고삐를 아무리 당겨도 코끼리는 제 갈 길만 가네요. 그래도 저렇게 소용없는 노력을 하면서…." 사람들의 무력감이 전해지는 것 같다.

"스윙월드엔 쉼이 없습니다. 이곳은 해가 지지 않아요. 365일 24시간 영원히 낮이 이어집니다."

이레가 다시 나를 붙잡고 더 높이 올라갔다. 아주 높이 올라가니 그레이동과 블랙동 전체가 두루 보인다. 저 위 블랙동 가장 어두운 꼭대기도 보이는 듯하다.

이레가 아래 먼 곳을 가리키며 말했다. "저기가 스윙월드 그레이동 1층의 한쪽 끝이에요. 반대편에는 다른 쪽 끝이 있지요. 끝에 다다르면 다시 반대편으로 가기도 하고 때로 그레이동의 더 어두운 위층이나 블랙동으로 올라가기도 합니다."

코끼리들은 밤낮없이 수년 동안 걸어서 극단에 도달한다. 하지만 더 이상 갈 곳이 없다. 코끼리는 쇠사슬에 매달린 채 허공에서 발을 구른다. 이렇게 허공에서 버둥대는 게 마치 하늘을 나는 것처럼 보인다. 코끼리 등에 올라탄 사람들은 드디어 날게 됐다며 신이 나서 소리친다. 하지만 코끼리는 일시적으로 공중에 떠 있을 뿐이다.

이제껏 앞쪽을 담당하던 코끼리는 한참 공중에서 버둥대다 포기하고 눈을 질끈 감아버린다. 코끼리 등위의 사람들은 고삐를 당기며 잠들려 하는 코끼리를 깨우려 애쓴다. 하지만 눈을 감은 코끼리는 코까지 골면서 잠들어버린다. 그때 꼬리 노릇을 하던 코끼리가 코를 공중으로 치켜 올려 크게 울면서 감았던 눈을 뜬다. 그러고는 이제껏 걸어왔던 길로 다시 돌아가기 시작한다. 다시 기나긴 반대편으로의 스윙이 시작되는 것이다.

코끼리 등에 올라탄 사람들은 어떻게 여기까지 왔는데 다시 돌아가느냐고 절규하면서 코끼리를 멈추려고 갖은 애를 쓴다. 하지만 반대편 코끼리 역시 아무 요동도 하지 않고 계속 앞으로 걸어갈 뿐이다.

- 내 안에서 들려오는 소리가 신에게서 온 소리인지 프로그 램에게서 온 소리인지 분별하는 위대한 질문

1. 이 말은 누구에게서 온 것인가? – 신 / 프로그램

2. 이 말은 진실인가 거짓인가? – 진실신 / 거짓프로그램

3. 이 말은 사랑인가 두려움인가? – 사랑신 / 두려움프로그램

모든 사람은 거울에 비친 당신의 모습입니다. 당신에게 되돌아오는 당신 의 생각입니다.

– 바이런 케이티

그럴 땐
신의 감정 나침반을 꺼내요

스윙은 삶의 자연스러운 일부

"고생해서 목적지에 도달했는데 다시 돌아가야 해요?"

인생은 모든 것이 한 세트로 옵니다. 양극으로 이뤄진 자석과 같아요. 탄생과 죽음, 밀물과 썰물, 음과 양, 부와 가난…. 이들은 한 쌍이면서 서로 반대로 작동하는 대칭이에요. 짝이 되는 두 힘은 크기가 같고 방향은 반대입니다. 삶도 마찬가지입니다."

엘리자베스 퀴블러 로스의 《인생수업》에서 읽었던 구절이 생각난다. '많은 결혼식에 가서 춤을 추면 많은 장례식에 가서 울게 됩니다. 많은 시작의 순간에 있었다면 그것들이 끝나는 순간에도 있게 될 것입니다. 당신에게 친구가 많다면 그만큼의 헤어짐을 경험하게 됩니다. 자신이 느끼는 상실이 크다고 생각된다면 삶에서 그만큼 많은 것을 시도했기 때문입니다.'

"스윙월드의 특징을 잘 알아야 현혹되지 않습니다. 스윙월드를 나오면 보이지 않던 텅 빈 공간을 만나게 됩니다. 모든 것이 다 이뤄지는 세상, 에고의 힘이 사라지고 우주의 힘만 존재하는 곳입니다. 이곳은 에고의 그림자가 없는 새로운 우주, 꿈꾸는 모든 것이 다 이뤄지는 현실이 창조되는 공간입니다. 스윙월드가 만든 그림자가 없는 새로운 세상인 거죠."

이건 무슨 뜻일까? 하나도 이해가 안 간다. 그러나 여기서 멈추고 싶지 않다. 더 알고 싶다.

"차근차근 설명해줄게요. 풍요와 결핍이라는 짝이 있어요. 행복하지 않다고 느끼는 사람은 결핍 상태입니다. 결핍을 채우기 위해 뭔가에 집착합니다. 그게 돈이라고 해보죠. 불안해서 돈에 집착하고 많이 벌고 성공했어요. 그런데 풍요가 커진 만큼 마음속 결핍도 커집니다. 돈이 많으니 더 불안해집니다. 이런 감정이 있다는 것은 아직 스윙월드에 갇혀 있다는 의미입니다. 코끼리 그네를 타고 스윙하고 있어요."

돈이 많아도 행복하지 않다? 지금의 나로선 이해가 안 된다.

"부족하니까 노력해야 한다는 생각은 결핍이에요. 결핍의 씨앗을 뿌리면 결핍의 열매를 얻습니다. 결핍 때문에 일을 끌어오는 사람도 있어요. 이들의 목표는 유능함이 됩니다. 유능해지면 사랑받을 거라고 생각했어요. 그런데 결국 그 끝에선 자신이 얼마나 무능한지 일깨워주는 현실을 만나게 됩니다. 언제나 자기보다 훨씬 유능한 사람이 나타나게 마련이거든요. 그러니까 뭐든 행동을 하기에 앞서 마음을 점검하는 것이 먼저입니다. 지금 내가 결핍으로 씨앗을 뿌리는 것은 아닌지 살펴보세요."

"네…." 대답하는 목소리가 기어들어간다. 잊고 있던 기억이 떠올랐다. 20대엔 이상하게 힘든 연애만 했다. 사랑받고 싶어 상대에게 집착했지만 결국 버림받았다. 그런 사랑을 계속 반복했다. 나 혼자 퍼주고 기대하다 지치고 화내고 싸우고 버림받고…. 거기서 받은 상처를 일벌레가 되어 잊으려 하고…. 악순환이었다.

무의식의 결핍이 현실의 결핍으로

"어떤 포장지로 감추려 해도 무의식의 결핍에서 시작한 일은 결국 현실의 결핍으로 나타납니다. 그런데 신은 우리에게 창조의 힘을 허락하셨어요."

"창조라니요? 그런 건 신만 하는 거 아닌가요?"

"인간도 자신만의 우주를 창조해요. 보세요. 당신의 통장 잔고, 당신의 몸매, 당신의 헤어스타일, 당신의 삶, 당신의 집, 당신의 가방, 당신의 인테리어, 신발, 액세서리 모두 당신이 선택한 것들의 합입니다. 사람의 지문이 모두 다르고 모든 별이 다 다르듯 인간

각자가 만드는 우주도 모두 다른 모습을 하고 있습니다. 백만 사람이 만든 백만 우주는 각자 독창적이고 고유합니다."

"그러니까 결핍의 마음으로 결핍의 현실을 만드는 대신 창조의 마음으로 자기만의 우주를 만들라는 건가요?"

"신은 다양성을 사랑합니다. 나뭇잎, 풀잎, 길가에 핀 꽃도 어느 하나 똑같은 게 없지요. 인간의 삶도 마찬가지입니다. 기억하세요. 지금 이 순간에도 당신은 당신의 세상을 창조하고 있습니다. 이제 껏 줄곧 결핍의 씨앗을 뿌려왔어도 괜찮습니다. 앞으로 삶을 사는 데 이제껏 당신이 가졌던 생각감정은 중요하지 않습니다. 옛것은 지나갔고 새로운 선택의 순간이 왔기 때문입니다."

"그럼 전 뭘 해야 하지요?" 내가 눈을 반짝이며 물었다.

이레가 숨을 깊게 들이마셨다가 내뱉는다. 그 숨결에서 깊은 숲 향기가 난다. 햇살 아래 큰 나무가 바람결에 따라 손을 들어 춤추는 것처럼 충만한 고요함이 주위를 채운다. 이레의 말은 음성이 아닌 진동으로 전달된다.

"이제부터 당신이 무엇을 선택할지가 중요합니다."

온 우주가 당신을 응원한다!

이레가 말하지 않아도 들린다. 이레의 생각이 내 안에서 또렷하게 느껴진다. 우리는 서로의 생각과 느낌을 자연스레 공유하고 있다.

지금부터 내가 무엇을 선택할지가 중요하다! 나는 공부도 못하

고 별다른 기술도 없고 삶에 대한 태도도 부정적이었다. 기회가 와
도 망설이다 놓치고 어느새 집도 없고 배 나오고 툴툴거리는 어른
이 되어버렸다. 그런데 앞으로 무엇을 선택할지에 따라 이런 나의
삶도 달라질 수 있다. 잘하고 싶다는 의욕이 솟구친다.

"당신의 감각을 믿으세요. 당신 안에 이미 답이 있습니다."

"답이 있다고요?"

"네, 당신 안에 이미 하늘이 있어요. 하늘의 지혜가 당신 안에
있어요. 당신 안에 신이 있습니다. 당신 안에 빛이 있습니다. 당신
에게 이미 모든 좋은 것이 다 있습니다. 나를 포함한 온 우주가 당
신을 응원하고 있어요. 용기를 내세요. 당신은 지혜로운 선택을 할
수 있습니다."

몸과 마음에 생명의 에너지가 차오르는 느낌이다. 내 머리끝에
서 몸통, 팔다리를 통과해 발과 손끝으로 에너지가 퍼져 나간다.
그러다 다시 갸우뚱한다. "근데 그걸 어떻게 알죠? 방법이…."

이레가 싱그럽게 웃으며 말한다. "당신에게는 신의 나침반이
있어요."

"신의 나침판이라니, 언제 주셨대요? 그게 어디 있어요?"

"당신 안에요."

"제가 이미 가지고 있다고요?"

"당신의 감정이 바로 나침반이에요."

"내 감정…이요? 그게 그런 쓸모가 있어요?" 감정이 신의 뜻을

알아차리는 나침반이라고? 감정은 드러내면 안 되고 절제해야 하고 감추어야 하는 것이라고 배웠다.

"감정으로 당신이 어디에 있는지 알 수 있어요. 불안, 초조. 조급함, 두려움, 고통 때문에 기력이 빠져 고개가 처지면 생명력이 넘치는 상태라고 할 수 있을까요?"

"아니죠."

"그래요. 그런 감정이 생긴다는 건 마음에 의심이 많다는 것이죠. 근원과 점점 멀어지고 있다는 거예요. 거기엔 생명력이 없죠. 이 말은 진동수가 떨어지는 거예요. 그럴 땐 진동수를 높여야 해요. 진동수가 높아지면 생명의 근원과 가까워져요."

"진동수를 어떻게 높일 수 있죠?"

"기분이 좋아지는 방법을 찾는 거예요. 당신은 기분 좋아지는 방법을 잘 알고 있어요. 당신은 어떻게 하면 빨리 기분이 좋아지죠?"

"음…. 기지개를 켜거나 따뜻한 차를 마실 때 기분이 좋아요. 하늘을 보는 것도 좋고 발을 따뜻한 물에 씻으며 발가락을 꼼지락대는 것도 좋아하고요. 산책로를 걷는 것도 좋아해요. 입을 크게 벌려서 얼굴근육을 풀어주거나 목욕을 하거나 향긋한 과일을 먹는 것도요. 그러면 금세 기분이 좋아져요. 좋아하는 음악을 찾아 듣는 것도 좋아해요. 그러고 보니 이렇게 하면 진동수가 높아지는군요. 우와~ 생각만 했는데도 벌써 가벼워진 것 같아요. 기분이 좋아지는 방법은 수없이 많네요"

신은 인간에게 창조의 열쇠를 주었다. 우주는 신만이 아니라 인간도 함께 창조한다. 사람마다 지문이 다르듯 각자가 만드는 세상도 모두 다른 모습을 하고 있다. 백만 명의 사람이 만든 백만 개의 우주는 모두 독창적이며 고유하다.

내가 진실로 너희에게 말한다. 누구든지 이 산더러 '들려서 저 바다에 빠져라.' 하면서, 마음속으로 의심하지 않고 자기가 말하는 대로 이루어진다고 믿으면, 그대로 될 것이다. 그러므로 내가 너희에게 말한다. 너희가 기도하며 청하는 것이 무엇이든 그것을 이미 받은 줄로 믿어라. 그러면 너희에게 그대로 이루어질 것이다.

– 마르코복음 11장 23~24절

영혼의 진동수를
높이는 연습

기분을 좋아지게 하는 것이 출발

기분이 좋아지게 만드는 수많은 방법이 계속 떠올랐다. 상상하는
것만으로도 마음이 편안해지고 콧노래가 나온다. 근육이 점차 부
드러워지고 몸에는 활력이 생긴다. 이게 진동수가 높아지는 것이
구나!

　"신께 감사할 일이에요. 감정을 바로 바꿀 수 있는 많은 방법을
주셨네요. 몰랐어요. 감정이 가라앉는 것은 근원에서 멀어지는 신
호군요. 진동수가 떨어지면 신과 멀어지는 것이고 기분이 좋아지
면 진동수가 높아져서 신과 가까워진다!"

"신은 생명 그 자체입니다. 신은 생명을 불어넣습니다. 죽었던 것도 신의 손길이 닿으면 생생하게 되살아납니다."

말만 들어도 기분이 좋아진다. 부모님도 생전에 이런 사실을 알았다면 좋았을걸. 그러면 평생 미워하며 살지 않으셨을 텐데.

"저기 그네 위 스윙월드 사람들한테도 알려주면 좋잖아요." 이레를 부추겨본다.

"본인이 선택한 때가 올 거예요."

"당장 달려가서 말해주면 안 돼요?"

"이미 그들은 답을 알고 있어요. 온 우주는 그들이 잊어버린 비밀을 끊임없이 알려주고 있어요. 그러나 단단하고 무거운 마음을 가진 사람은 아직 들을 준비가 되지 않았어요. 우리는 단단한 마음이 부드러워지고 귀가 순해지는 때를 기다립니다. 그때가 진리를 받아들일 수 있는 시간입니다. 사람마다 속도 차이는 있지만 결국 진리를 만나게 됩니다."

"말이 안 통해서 답답하지 않으세요?"

"모든 것에는 때가 있습니다. 사랑은 긴 시각으로 봅니다. 그래서 오래 참을 수 있습니다. 우리는 기다림도 사랑합니다. 결국 모두 사랑에서 만나게 된다는 걸 알기 때문입니다. 그렇기에 기쁨으로 기다릴 수 있어요. 우리는 신이 창조한 우주의 다양성을 존중합니다. 인내가 모든 것을 얻게 한다는 것을 압니다."

"혹시 코끼리 중에 한 마리를 빼내서 거기 탄 사람을 구할 순 없나요?"

"코끼리들은 집단의식이 강해요. 한 마리라도 이탈하면 무리가
모두 흥분해서 전부 위험해질 수 있습니다. 때를 기다리는 것이 훨
씬 지혜로운 방법입니다."

공허한 삶을 달래려 선택하는 것들

"정말 안타까워요. 저기 타고 있으면 계속 왔다갔다 왕복만 하게
되잖아요. 희망도 없고요."

"코끼리 위에선 매일 매일이 혼란스럽고 두렵습니다. 그래서
그들은 자신을 정신없게 만듭니다. 현실이 보기 싫어 머리를 흔드
는 것과 같아요."

"어떻게요?"

"강박과 중독을 통해서죠. 눈앞의 두려움을 잊기 위해 무언가
에 풍덩 빠지는 겁니다. 강박은 위로 솟은 에고이고 중독은 아래로
솟은 에고입니다. 강박은 '해야만 해'로 불안함을 감추려 하지요.
좋은 사람 되어야 해, 청소해야만 해, 잘해야만 해… 그러나 그건
에고의 규칙이라 고달파요. 에고는 사람을 힘들게 달달 볶습니다."

"진짜 해야 할 일이 많을 때도 있어요. 저만 해도 아이들 밥 줘
야 해. 살 빼야 돼, 집 치워야 돼, 돈 벌어야 돼, 행복해져야 해… 밥
먹듯 말하는데요."

"'할 수 있다'로 바꾸면 됩니다. '해야만 해'에는 강요와 압박이

152

있지만 '할 수 있다'에는 자유와 선택이 있거든요."

"어? 그래요? 한 번 해볼게요. 아이들 밥을 줄 수 있다, 살을 뺄 수 있다, 집을 치울 수 있다, 돈을 벌 수 있다, 행복해질 수 있다… 우와! '해야만 해'를 '할 수 있다'고 바꾸니 훨씬 편안해요. 쫓기지 않고 더 여유로운 느낌이에요."

"그래요. 아주 사소하지만 두려움에서 사랑으로, 어둠에서 빛으로 나아갔어요. 잘했어요."

이런 칭찬이 낯설면서도 너무 좋다. 나도 모르게 함박미소가 지어진다.

우울하면 과거에
불안하면 미래에 잡힌 것

이분법 감정으로 바라본 세상

"강박에 대해 더 설명해드릴게요. 강박에는 청결, 확인, 반복, 정
렬, 저장 등이 있습니다. 청결은 더러운 것을 제거하려고 몇 시간
씩 씻고 닦고 하는 것입니다. 확인은 어떤 행동을 했나 안했나 의
심하며 계속 반복적으로 확인하는 것이지요. 반복은 고통스러웠
던 과거의 상황을 여러 번 되풀이하는 강박적인 충동을 말합니다.
정렬은 모든 물건이 생각한 위치에 완벽한 배열상태로 있어야 하
는 것입니다. 저장은 물건들을 버리지 못하고 모아두는 것입니다."

"맞아요. 강박증이 있으면 뭔가 자연스럽지 않고 불편한 느낌

이 있어요. 자기 맘대로 다 되어야 한다는 강한 집념 같은 거? 그런 게 좀 부담스러워요."

"중독도 비슷합니다. 술, 도박, 섹스, 게임, 일…. 강박도 중독도 모두 현실도피 도구로 쓰이지만 장기적으로 상황을 더 나쁘게 만듭니다. 도망치는 건 해결책이 될 수 없으니까요. 결국 두려움이 더 커지고 무의식의 지배에 시달리게 됩니다."

"음…. 저도 그런 지배 속에 살았어요." 크고 작은 중독과 강박에 빠졌던 지난날이 떠오른다. 모두 다 나 자신을 보지 않으려고 하던 행동들이다.

"강박은 가짜 신이 되려고 하는 행위고 중독은 동물이 되려고 하는 행위입니다. 가짜신이나 동물가면을 만들어 쓰는 것이지요. 자신이 스웡월드에 있다는 사실을 보지 않기 위해서요. 자신을 버림으로써 수치심을 가리는 행동입니다."

"그럼 몸에서 이상반응이 나타나는 건요? 그것도 회피인가요? 가령 손발에 땀이 흥건해진다거나…." 이레와 만난 뒤로도 여러 차례 당황해 땀이 나서 혼났다. 일에서도 생활에서도 낭패를 본 적이 많다. 긴장하거나 불안하면 손발에 땀이 난다. 심할 땐 악수도 할 수 없고 어떤 땐 슬리퍼에서 발이 쑥 미끄러질 정도다. 화장이 다 지워질 정도로 땀이 나는 현상도 일종의 강박은 아닐지 걱정이 된다.

"땀은 긴장하고 두려워하는 당신을 살리기 위해 몸이 내는 구조신호입니다. 땀이 나면 그걸 닦는 것 외에 다른 걸 생각하기 어렵습니다. 심장박동이 빨라지고 체온이 오를 때 그걸 식혀주기도 하고요. 공포나 두려움을 느끼는 당신을 돕기 위해 몸이 그렇게 한 겁니다. 만약 땀이 나지 않았다면 두려움에 심장마비로 죽을 수도 있었어요."

평생 저주했던 내 몸의 증상이 날 살린 거라고? 이레의 관점으로 보면 불편했던 몸의 증상은 오히려 '축복'이다.

"몸은 땀, 눈물, 소름, 두드러기 등 여러 방법으로 당신을 돕습니다. 당신을 괴롭히려는 게 아니에요. 오히려 덕분에 살았다고 고마워할 일이에요. 신이 우리 몸을 통해 하시는 일이니까 앞으론 싫어하거나 거부하지 말고 받아들이면 됩니다. 받아들이면 오히려 증세가 좋아지기도 합니다."

저주가 아니라 축복이었다니!

불편한 게 아니라 몸이 날 살린 거구나. 그런 생각을 하니 긴장감에 연신 땀을 뿜어내던 땀샘이 잦아들며 편안해졌다. "관점이 바뀌는 것이 치유입니다." 이레는 나를 보며 웃었다.

"스윙월드에선 끊임없이 양극을 오가는 현실이 창조됩니다. 양극에는 각각 +와 그 짝인 -가 있어요. 무의식 속 생각감정의 지배를 받으면 모든 것을 이분법으로 나누게 됩니다. 옳다-그르다, 좋다-싫다, 맞다-틀리다, 크다-작다, 많다-적다, 특별하다-평범하다, 선택받았다-버림받았다, 빛-어둠, 선-악…. 모든 걸 판단하고 비교하고 정의합니다. 스윙월드는 이분법 세상이니까요."

"스스로 이분법 감옥에 갇히는 거군요."

"그래요. 스윙월드는 인간 스스로 만든 거대한 감옥입니다. 그런데 양극을 모두 지겹도록 경험한 인간이 모든 걸 포기하고 싶은 순간이 옵니다. +와 -가 합쳐 0이 되는……. 이 순간이 정말 중요합니다."

"왜 그럴까요?"

찰나의 깨달음이 변화의 기회다

"이때 찰나의 깨달음이 선물로 옵니다. 모든 것이 더해져 0이 된 상태, 에고의 힘을 포기하고 우주의 힘에 내어맡긴 상태에서 인간은 스윙월드를 탈출할 수 있게 됩니다. 물론 그 순간에 그 선택을 하지 않고 스윙월드에 영원히 머물게 되기도 하지만요."

헤어날 길이 있다니 다행이다. 그런데 왜 하필 0이 되는 순간일까?

"스윙월드에 살다보면 자기가 없습니다. 시선이 외부에 있어요. 늘 시선을 남에게 맞춥니다. 눈치 보며 자란 아이는 눈치 주는 어른이 됩니다. 스윙월드 블랙동 8, 7층에서 매 맞던 피해자 아이가 6, 5, 4층을 거치며 생존자 청소년이 됩니다. 그리고 그레이동 3, 2, 1층으로 와서 오히려 아이를 때리는 가해자가 되어버립니다. 평생 스윙월드에서 살면서 자녀들에게도 프로그램을 대물림해줌니다."

"가슴이 아파요." 나는 몇 층에 사는 엄마였을까?

"그러다 어느 날 깨닫게 되죠. 자신이 그토록 증오하던 어른과 똑같은 행동을 하고 있다는 것을. 이때 온전히 자신을 바라보면 0이 되는 순간을 만나게 됩니다. 0이 기회가 되는 이유는 어느 것 하나에 치우치지 않기 때문입니다. 그 순간이 동전을 뒤집을 기회입니다. 그 순간에 다른 선택을 하면 됩니다. 그래서 쉽습니다."

사랑을 받아들이고 의식을 자라게 하라

"의식이 성장하는 걸 막지 마세요. 새로운 변화를 허락하세요. 당신이 사랑임을 받아들이세요. 그러면 시야가 넓어져서 보이지 않던 게 보입니다. 굳이 코끼리에 끌려갈 이유도 스윙월드에 머물 이유도 없다는 걸 알게 됩니다."

아직 잘 모르겠다. 하지만 이젠 다르게 살고 싶다. 달라지고 싶다. 나는 덜덜 떨리는 작은 목소리로 말을 이어나갔다.

"나는 이 순간 내 안의 신성을 찾겠어요. 내 안의 사랑이 퍼져나오도록 허락하겠어요. 도와주세요!" 내 입에서 나오는 말들이 믿기지 않는다. 몸에서 팝콘이 터지는 것 같다. 내 안의 작은 소리는 하늘로 퍼져나간다.

"할 수 있어요. 도와줄게요. 스윙월드에 살면 자기가 없습니다. 늘 눈치를 봅니다. 눈치를 보며 자란 아이는 눈치를 주는 어른이 됩니다. 그러나 이제는 달라요. 당신은 눈치를 보며 자랐지만 자유를 주는 어른이 됩니다. 매 맞으며 자랐지만 부드럽게 보듬는 어른이 됩니다. 욕먹으며 자랐지만 아름다운 말을 하는 어른이 됩니다. 당신은 자신의 삶을 돌아보며 계속해서 깨달음을 얻을 것입니다. 사랑의 여정을 통해 당신은 피해자에서 생존자, 생존자에서 상처 입은 치유자가 됩니다."

이레의 목소리에 굳었던 마음이 풀어진다. 내가 치유자가 될 수 있다! 이레가 보여준 희망을 붙잡고 싶다.

───── 한 마리 새가 봄을 알릴 수 있다. 한 번의 악수가 영혼에 기운을 줄 수 있다. 한 개의 별이 바다에서 배를 인도할 수 있다. 한줄기 햇살이 방을 비출 수 있다. 한 자루의 촛불이 어둠을 몰아낼 수 있고, 한 번의 웃음이 우울함을 날려 보낼 수 있다. 한 걸음이 모든 여행의 시작이다. 한 단어가 모든 기도의 시작이다.

– '당신에게 달린 일', 작자 미상, 틱낫한 스님 제공

진짜 꿈은
애씀 없이 저절로 이뤄진다

부족하고 부끄럽고 창피한 마음

"무의식 속 억눌린 생각감정을 찾아서 뿌리 뽑고. 그러니까 가령 가난이 싫고 두렵다는 마음을 아닌 척 꾸며내지 말고 직시하면 저절로 부자가 될 수 있단 말인가요?"

왠지 믿기 힘들다. 섬광처럼 찾아온 깨달음은 자주 의심을 만난다.

"자신의 상황을 있는 그대로 인정하고 느끼면 낡은 생각감정이 사라지게 됩니다. 더 잃을 게 없으니 바닥에서 새롭게 시작하겠다는 마음으로 하나씩 쌓아 가게 됩니다. 안 그런 척 교묘히 숨기고 감추고 자존심을 내세우면 결국 낭패를 보게 됩니다. 미래가 흙빛으로 칠해지지요."

"미래가 흙빛이 된다고요?" 이미 흙수저인데 또 흙빛?

"과거에 느꼈던 두려움을 끌어다가 오지 않은 미래까지 걱정으로 칠하는 것을 말합니다. 미래는 과거와 아무 연관관계가 없어요. 얼마든지 새롭게 만들어갈 수 있습니다. 본래 두려움은 인간의 훌륭한 생존무기였죠. 두려움 덕에 호랑이나 벌레, 자연재해 등 위험한 상황에서 살아남을 수 있었으니까요. 이젠 조상들이 걱정하던 두려움의 대상은 대부분 사라졌습니다. 그런데도 여전히 우린 두려움을 안고 삽니다. 두려움은 허상입니다. 사람들이 갖고 있는 두려움은 진실에 가까운 거짓이거나 완전한 거짓입니다. 어깨에 두려움을 잔뜩 이고서는 똑바로 앞을 보기 힘들어요. 때로 너무 두려워서 지나치게 과도한 꿈과 기대를 설정하는 사람들도 있습니다. 결국 이루지 못해 실망하게 되고요. 그런 경험이 반복되면 '지금 이 순간'을 사랑할 수 없게 돼요. 현실을 원망하고 남 탓, 세상 탓을 하게 됩니다."

위대한 꿈을 꾸기 전에 해야 할 것

"미래를 두려워하는 건 나쁘지만 기대하는 건 괜찮지 않나요? 책에서도 늘 꿈은 크게 가지라고 하는데."

"꿈을 꾸는 것보다 더 중요한 게 있어요."

"그게 뭐죠?"

"꿈꾸는 것보다 중요한 건 꿈꿀 때 느껴지는 감정입니다. 당신의 꿈을 떠올릴 때 평화로운지 아니면 걱정되고 두려운지 체크해 보세요. 걱정되고 두렵고 무거운 느낌이 드는 꿈은 애를 써서 겨우 이루어도 원하는 모습이 아닌 게 됩니다. 평화로운 감정이 든다면 그 꿈은 애씀 없이 자연스레 이루어집니다. 무위이화無爲而化라고 하지요."

중요한 대목이다. 나는 눈을 크게 뜨고 이레를 바라보았다. "더 자세히 알려주세요."

"당신의 말과 감정이 다를 때가 있지요? 그때 신은 당신의 감정을 봅니다. 우주는 포장된 말과 행동 이면에 있는 느낌을 스캔합니다. 아무리 교묘히 가려도 숨겨둔 감정은 온 우주에 기록됩니다."

좋은 꿈, 큰 꿈을 이뤄달라고 열심히 간구했던 때가 있었다. 그러나 내 속감정은 다른 말을 하고 있었던 것이다.

"인생이 모두 척인 사람이 있어요. 고상한 척, 착한 척, 잘난 척…… 모래알만큼이나 많은 척이 있어요. 실제론 모두 거짓이지요. 가면 뒤론 긴장해서 땀을 줄줄 흘리고 있어요. 자기를 속일 수 없는데 신을 속일 수 있을 리 없어요. 신은 숨은 생각 속 감정을 알아차리는 분이십니다. 아무리 감쪽같이 속여도 자신을 속일 수는 없죠. 자신을 속일 수 없다면 온 우주도 속일 수 없습니다. 내가 알고 신이 알고 온 우주가 압니다."

"모두가 안다……."

"우주는 완전한 질서 안에 있습니다. 숨겨진 것은 결국 드러나게 마련입니다. 이 세상에 비밀은 없어요. 하늘이 알고 땅이 압니다. 나무가 알고 풀이 압니다. 꽃이 알고 동물이 압니다. 온 우주 만물이 압니다. 우주에서 숨길 수 있는 건 아무것도 없습니다."

이레는 말을 마친 후 다시 나를 지하 로비 엘리베이터 입구로 데려갔다. 아마도 스윙월드를 나가려는 모양이다. 나는 침을 꿀꺽 삼켰다. 엘리베이터에 타서 스윙월드 꼭대기부터 다시 한 층씩 내려오면서 차근차근 살펴보고 싶다는 생각이 들었다. 아까 처음 스윙월드에 올 때에는 막연히 두려웠는데 이젠 그 실체를 제대로 맞닥뜨리고 싶어졌다. 이레는 그런 내 마음을 읽은 듯 했다. 우리는 먼저 8층부터 4층까지 블랙동부터 둘러보았다.

8층 수치심 층에서 엘리베이터 문이 열리자 코끼리에 탄 사람들 무리가 보였다. 8층은 좁아서 사람들이 더 와글와글 모여 있다. 그들 대부분은 무릎 사이에 얼굴을 파묻고 잔뜩 웅크리고 있다. 그런데 몇몇이 비쭉 고개를 들다 이레를 발견했다. 그러고는 "우릴 죽이러 온 저승사자다!"라고 고래고래 소리를 질렀다. 그러자 겁에 질린 몇몇이 까부라지듯 몸부림치다 죽어버렸다. 주변도 새까만데 검정 구두약을 얼굴에 잔뜩 바르고 색안경을 낀 사람들이 거품을 물고 쓰러져 죽어가는 광경은 너무도 무서웠다. 나는 황급히 엘리베이터 닫힘 버튼을 눌렀다. 이레가 평온한 표정으로 7층 버튼을 눌렀다.

7층 죄의식 층 문이 열리자 채찍을 든 무리가 보였다. 그들 역시 이레를 보자마자 '나를 벌주러 온 악마'라며 벌벌 떨기 시작했다. 까만 구두약을 잔뜩 바른 채 검정 색안경을 쓴 사람들이 연신 채찍으로 자신의 등과 몸을 내리친다. 소름이 끼쳐 다시 엘리베이터 닫힘 버튼을 눌렀다. 마음이 무겁고 슬프다. 이레가 6층 버튼을 눌렀다.

6층 무기력 층 문이 열렸지만 코끼리 그네 위 사람들은 미동도 없다. 그들은 간신히 눈만 뜬 채로 그네 위에 시체처럼 널브러져 있다. 색안경과 검정 구두약 사이로 눈물 자국이 보인다. 모두들 아무 기력이 없어 보인다. 무기력한 모습이 싫어서 힘껏 닫힘 버튼을 눌렀다. 이레는 5층 버튼을 눌렀다.

5층 슬픔 층 사람들은 엘리베이터 문이 열리자마자 이레를 향해 손짓하며 계속 울부짖었다. 하는 말은 서로 달랐지만 모두 '내가 세상에서 제일 불행해!' 하고 하소연하는 말이다. 얼굴에 바른 검정 구두약이 눈물로 얼룩덜룩하다. 징징대는 소리가 너무 듣기 싫어 엘리베이터 문을 닫았다. 이레가 4층 버튼을 누르며 말했다. "이번이 블랙동 마지막 층입니다."

4층 두려움 층에서 엘리베이터 문이 열리자 이레가 사람들을 향해 말을 건넸다. "여러분! 원하면 언제든 이 스윙월드를 나갈 수 있습니다!" 그러자 사람들이 웅성대며 몸을 숨기기 시작한다. 주머니에서 서둘러 검정 구두약을 꺼내 얼굴에 바르고 색안경을 썼다. 아이들에게도 조심하라고 윽박지르며 구두약을 열심히 발라준다. 서로 조심하라 외치는 소리가 어찌나 큰지 기차 화통을 삶아먹은 것 같다. 저 정도 힘이라면 다른 블랙동 사람들보다는 훨씬 에너지가 크다. 그런데도 엉뚱한 데 그걸 쓰고 있는 듯하다. 이번에도 서둘러 문을 닫았다.

이제는 그레이동이다. 그레이동은 좀 낫겠지. 나는 가슴을 쓸어내리며 3층을 누르는 이레를 바라보았다.

3층 욕망 층 문이 열리자 재밌는 광경이 눈에 들어왔다. 사람들은 마치 위장 메이크업을 한 군인처럼 얼굴에 구두약을 3줄만 발랐고 색안경도 조금 옅어졌다. 모두들 이글이글 불타는 눈으로 이레의 날개를 쳐다본다. "나도 저거 가지고 싶어!" 욕망으로 가득한 눈이다. 이레의 몸을 훑어 내리는 징그러운 눈빛이 싫어서 닫힘 버튼을 눌렀다. 이레는 말없이 2층 버튼을 눌렀다.

2층 분노 층 문이 열렸다. 사람들 얼굴에 구두약은 2줄이다. 코끼리 그네 위 사람들이 이레를 보자마자 소리를 지르기 시작했다. "야! 그 날개 왜 너만 가졌어? 불공평해. 내놔. 내 거야. 내놓으라고." 아우성치는 그들의 목구멍이 시뻘건 용암처럼 달아올라 있다. 일그러진 그들의 모습이 싫어 이번에도 닫힘 버튼을 눌렀다.

그레이동은 블랙동보다 좀 나을까 했는데 그렇지 않다. 블랙동보다 파워는 있을지 모르지만 여전히 두려움에 휩싸여 있다. 한숨이 나온다. 이레는 마지막 1층 버튼을 눌렀다.

1층 자존심 층 문이 열리자마자 사람들은 이레를 보고 달려들며 미친 듯이 고함을 지르기 시작했다. "야 이 새끼야! 내가 최고야! 어딜 쳐다봐? 눈 안 깔아? 살고 싶으면 꿇어! 내가 시키는 대로 해. 내가 누군지 알아? 이리 와. 안 와? 이 새끼가! 네가 감히 날 무시해?"

이레가 그들의 눈을 지긋이 바라본다. 그리고 내게 눈길을 돌리더니 나지막이 말했다. "잠깐 여기 있어요. 엘리베이터 문을 닫고 절대 열어주지 말아요. 전 괜찮으니까 혹시 무슨 일이 생겨도 걱정하지 말아요."

1층 사람들은 저마다 자기가 만든 가짜신이나 용맹한 동물의 가면을 쓰고 있다. 있는 척, 가진 척, 아는 척 그들은 척척박사들이다.

척척박사들의 야심찬 공격

그러나 이레가 지긋이 바라보자 가면은 녹아내리고 그들의 본모습이 드러났다. 그러자 가면을 쓴 자들이 화가 나서 활과 창을 던지기 시작했다.

"이 나쁜 놈! 내가 얼마나 힘들게 만들어 쓴 가면인데 그걸 녹여버려? 넌 너무 마음에 안 들어. 교활하고 가증스러운 것!"

투명 엘리베이터 안에서 지켜보던 내가 큰소리로 항변했다.

"이레가 당신들에게 무슨 짓을 했다고 이래요? 이레는 진리를 말하고 있어요. 당신들을 도우려 하는 거예요." 답답하다.

내 말은 그들 귀에 들리지 않는다. 그들은 연신 욕을 퍼부으며 칼과 창을 겨눈다. 그런데 이레는 표정에 아무 변화가 없다. 푸른 밤바다에 떠오른 보름달처럼 가면 쓴 자의 내면을 그대로 비추고 있을 뿐이다. 1층 사람들은 치부를 들켜 수치스러워하며 계속 자기를 감추려 애쓴다. 이레가 부드럽게 말한다.

"감추어봐야 아무 소용이 없습니다. 안에 가득 찬 것은 결국 밖으로 넘치게 마련입니다."

그러자 가면을 쓴 자들이 코끼리에서 내려 이레에게 달려들었다. 이레는 그들에게 붙잡혀 바닥에 고꾸라졌다. 그들은 바퀴벌레 떼처럼 달려들어 이레의 얼굴과 몸을 발로 차고 때린다. 그런데도 이레는 아무 저항 없이 고요한 음성으로 말한다. "신은 당신을 포기하지 않아요. 두려워하지 말아요. 나는 당신들을 도우러 왔습니다!"

칼을 든 자 하나가 소리를 지르며 달려든다. "조용히 해. 괴물 같으니. 나를 보지 마. 왜 나를 무시하듯 보는 거지? 네가 그렇게 잘났어? 그 눈을 보면 미칠 것 같아. 눈알을 파버리겠어. 그럼 내가 좀 살 것 같아!" 급기야 칼로 이레의 눈을 찔렀다. 눈에서 피가 사방으로 튀었다. 그런데도 공격을 멈추지 않고 계속 찌르고 발로 짓이겼다. 날개 여기저기도 마구 칼로 찌른다.

이레는 힘없이 날개를 퍼덕이지만 벗어날 수 없다. 순식간에 벌어진 일이었다. 나는 온몸이 얼어붙었다. 숨조차 쉬기 어려웠다. 말리고 싶지만 어쩔 도리가 없다. 무력감을 느끼며 온몸으로 외친다. 이레! 도망쳐요! 왜 맞고만 있어요. 제발 죽지 말아요. 가슴이 찢어질 것 같다.

꿈꾸는 것보다 중요한 건 꿈꿀 때 느껴지는 감정입니다. 당신의 꿈을 떠올릴 때 평화로운지 아니면 걱정되고 두려운지 체크해보세요. 평화로운 감정이 든다면 그 꿈은 애씀 없이 자연스레 이루어집니다.

가장 많이 하는 생각은 잠재의식이 된다.

– 조셉 머피

알아차림은 관찰한다. 생각은 판단한다.

– 루퍼트 스파이러, 《사랑의 잿더미》

자신이 느끼는 상실이 크다고 생각된다면
삶에서 그만큼 많은 것을 시도했기 때문이다.
많은 실수를 했다면 아무것도 하지 않고 산 것보다 좋은 것이다.

_ 엘리자베스 퀴블러 로스

제4장

당신이 돈에게 느끼는
감정이 가장 중요하다

당신의 무의식은
돈을 밀어내고 있다

영혼은 상처 받거나 죽지 않아

눈을 떴더니 온몸이 흠뻑 땀에 젖어 있다. 나는 계속 이레의 이름을 부르며 흐느꼈다. 분명 어제 저녁식사 후에 미로정원에서 이레와 스윙월드로 갔었는데 눈을 떠보니 숙소 침대 위다. 창밖은 이미 환해져 있다. 시간감각이 없어져 오늘이 며칠인지조차 헷갈린다. 휴대전화를 들여다보고서야 토요일 오전 8시 반이란 걸 알았다. 세미나 2일차 날이고 조금 있으면 강의가 시작된다.

이레는 어떻게 됐지? 내가 정말 이레와 만난 걸까? 아니면 한바탕 꿈을 꾼 걸까? 분간이 되질 않는다. 그러나 장미정원에서 할머니와 만난 일도 다시 이레와 미로정원에 갔던 일도 다 생생히 기억난다.

나는 퉁퉁 부은 눈으로 세수도 대충 하고 단체복을 입고 이름표를 달고 모자를 꾹 눌러쓰고 세미나장으로 향했다. 강사는 열심히 무슨 말을 하지만 아무것도 귀에 들어오지 않는다. 온통 이레 걱정뿐이다. 이레는 괜찮은 걸까?

강의를 다 듣고 식당으로 갔다. 아침도 거르고 점심때가 되니 배가 너무 고팠다. 이레가 죽었을지도 모르는 마당에 밥이 목구멍으로 넘어가다니 나 자신이 혐오스럽다. 그래도 억지로 밥을 우겨넣었다. 그릇을 반납하자마자 급히 분수대 광장으로 향했다. 하늘이 맑다. 이레 생각에 눈물이 난다.

"안녕하세요." 반가운 목소리다. 소리는 등나무 벤치 쪽에서 들려왔다. 처음 만났던 바로 그 벤치에 이레가 앉아 있다. 이게 꿈일까 생시일까? 눈물이 앞을 가린다. 달려가 이레 얼굴을 손으로 만져본다. 오감으로 이레가 느껴지고 나서야 비로소 안심이 되어 엉엉 운다.

이레는 내가 충분히 울고 완전히 울음을 멈출 때까지 기다려주었다. 나한테 세상에서 제일 어려운 게 우는 것이었다. 엄마 아버지가 돌아가셨을 때조차 마음껏 울지 못했다. 그런데 이제는 감정을 표현하는 게 한결 편해졌다. 사랑으로 지켜봐주는 사람이 있으니 외롭지 않게 마음껏 울 수 있다. 눈물 사이로 언뜻 보인 이레는 데이지꽃 같은 연한 미소를 머금고 있었다.

"분명히 그 사람들이 달려들었는데 괜찮아요? 그 사람들 왜 그런 거예요?"

"분노에는 법칙이 있어요. 첫째 분노는 안전한 대상에게만 발산되고 둘째 분노에는 상처가 있습니다. 그들은 제가 보복하지 않을 대상인 걸 알기에 공격했어요. 자기 상처가 건드려졌기 때문에 공격했고요. 거긴 스윙월드 1층 자존심 층이잖아요. 그들은 종종 그렇게 합니다."

"그들이 이레를 죽였어요. 그런데 어떻게 살아있는 거예요?"

"보시다시피 저는 머리칼 하나 다치지 않았어요. 그들이 파괴한 건 제가 아니라 그들 자신입니다."

아! 그래서 이레 눈에서 붉은색 피가 흘렀던 거구나. 그들은 이레를 공격한다고 착각하며 스스로를 공격한 거구나. 소름이 돋았다.

"그들은 제 영혼을 털끝 하나 건드릴 수 없어요." 이레가 그 말을 할 때 날개가 활짝 펴졌다. 하얀색이 이토록 화려하다니! 오색 찬란한 공작새를 다 데려와도 단연 이레의 눈보다 흰 날개가 더 돋보일 것이다.

"인간은 승리자이자 치유자로 이 세상에 왔어요. 인간은 신의 대리자로 스승으로 주인공으로 이 세상에 왔어요. 스윙에서 자유로워진 인간에게 불가능은 없습니다. 인간이 영원한 사랑과 하나 될 때 모든 상처는 사라집니다."

잔인한 인간에게 공격당했으면서도 이레는 인간에 대해 아직도 이토록 깊은 희망을 품고 있다. 선뜻 이해가 되지 않아 멍한 표정으로 서 있었다. 그들의 먼 미래를 보아 승리자이자 치유자로 보는 걸까? 그래서 용서할 수 있는 걸까? 어떻게 이럴 수 있을까?

당신이 가진 생각대로 세상은 만들어진다

"사람들이 당신을 죽이려고 했어요. 분명 당신이 죽는 걸 봤고 그게 너무 생생해서 지금도 화가…." 나는 솔직히 감정을 털어놓다 두려워 입을 틀어막았다.

"지금도 화가… 뭐죠? 감정을 숨길 필요 없어요. 느끼는 대로 다 말해 봐요. 괜찮아요."

이레 앞에선 어차피 아무것도 숨길 수 없다. 나는 속에 있는 말들을 다 뱉어냈다. "화가 나요. 이레가 다쳤다고요. 이레는 그냥 본 것뿐인데 왜 무시하느냐고 난리를 쳤어요. 나쁜 놈들, 죽일 놈들. 세상엔 그런 사악한 인간들이 얼마나 많다고요. 사기꾼, 돌팔이, 미친 놈, 남한테 상처 주고 손가락질 하는 인간들. 정말 지긋지긋해요."

"그래요. 다 맞아요." 욕을 했는데 혼내고 말리기는커녕 내 마음을 공감해준다. 딱 하나뿐인 친구처럼 큰 위로가 된다.

"당신의 의식상태로는 맞는 말이에요. 다 맞아요. 당신의 모든 감정은 그 모습 그대로 존재할 자격이 있습니다. 당신의 감정은 모두 맞아요. 당신은 당신의 의식에 어울리는 최선의 방법을 택한 것

176

뿐입니다. 당신이 세상을 보는 관점은 곧 자기 자신에 대한 생각을 보여줍니다." 이레는 평화로운 음성으로 말한다.

영혼의 안내자 이레, 이런 든든한 존재가 내 수호천사라니… 감사하다.

이레는 잠시 심호흡을 하고 천천히 말을 건넨다. "세상은 거울과 같아요. 거울은 절대 먼저 웃지 않아요. 거울 속 나를 어떻게 하면 웃게 만들까요? 거울을 보고 있는 내가 웃어야 합니다. 세상을 보는 관점이 바뀌려면 당신의 믿음, 말이 먼저 바뀌어야 합니다. 사람들은 무언가를 눈앞에 보기 전까지 믿지 않습니다. 인간은 봐야 믿죠. 그러나 신은 믿고 봅니다. 신은 보는 것보다 믿는 게 먼저예요. 그러면 현실에 그것이 나타납니다. 예를 들어볼게요. 아이가 발에 힘만 줘도 걷는다 걷는다 하며 응원하는 엄마가 있죠. 걸을 거라고 믿고 보니까 아이가 걷습니다. 어린아이를 사랑으로 바라보는 어머니는 신을 많이 닮았어요."

아이들이 걸음마할 때의 추억이 떠오른다.

"당신은 오랫동안 색안경을 써왔어요. 처음엔 살기 위해서였죠. 자기를 보호하기 위한 선택이었어요. 어른에게 혼나고 당하면서 세상을 경계하게 됐습니다. 그래서 색안경을 꺼내 썼지요. 세상은 안전하지 않으며 사람은 경계할 존재라는 두려움의 색안경을 쓰고 마음엔 빨간 경계등을 켰지요. 상처 받지 않기 위해서요."

두려움이 지르는 비명소리

"자, 당신의 색안경을 가져왔어요. 여기 당신의 색안경에 어떤 글이 씌어 있나 보세요."

이레가 말을 마치자 눈앞에 색안경이 보인다. 깨알 같은 글씨가 합쳐져 색안경이 된 것이다. 그 글씨들이 튀어 올라 허공에 한 문장씩 박힌다.

'나는 부족하다. 할 수 있는 게 없다. 나는 잘못하고 있다. 애써야 겨우 산다. 삶은 지치고 힘들다. 해도 안 될 것 같다. 내 잘못이다. 신은 멀다. 배운 것도 가진 것도 없다. 힘들게 살아봐야 뭐 하나.……'

모든 두려움이 한꺼번에 터져 나온다. 내가 했던 모든 말이 허공에 기록된다. 어느새 내 키보다 커진 문장들을 보니 두려워져 소리를 지르며 손을 휘젓는다.

"두려워 말고 눈을 떠요." 이레의 목소리다. 용기를 내서 눈을 떠보니 아무것도 없다. 모두 먼지가 되었다. 글씨들은 진흙으로 변했다가 말라비틀어져 바닥으로 우수수 떨어졌다.

"당신의 믿음이 이렇게 한줌의 먼지가 되었군요." 이레가 바닥을 가리키며 말했다.

"하지만 나한텐 그게 진실이자 현실이었어요. 절대 넘을 수 없는…."

이레가 말없이 내 어깨를 두드린다. "이제껏 그런 말들만 듣고 지내서 그래요. 보세요. 이제 옛 것은 지나가고 새 것이 되었습니다."

세상은 거울처럼 비춰준다. 거울은 먼저 웃지 않는다. 거울 속 나를 웃게 하려면 거울을 보고 있는 내가 먼저 웃어야 한다. 세상을 바라보는 나의 생각, 감정이 먼저 바뀌면 세상도 변한다.

감옥 문창살 사이 죄수 둘이 밖을 본다.
한 죄수는 별을 본다. 다른 죄수는 흙탕길을 본다.

— 델마 톰슨

당신을 위해 준비된
무한한 돈과 풍요

나는 필요한 모든 것을 이미 가졌다

이레가 날개를 서서히 펴며 숨을 들이마신다. 햇살에 비치는 백색
의 날개가 숨이 멎을 정도로 아름답고 신비하다. 이레는 천천히 숨
을 뱉는다. 이레의 호흡에 따라 날개가 느리게 퍼졌다 닫혔다 한
다. 지켜보고 있다가 나도 모르게 이레를 따라 숨을 들이쉬고 내쉬
었다. 몇 번이고 반복하니 마음이 점차 평안해지는 느낌이다. 숨을
쉬는 동안 서서히 이레의 가슴에서 금빛 찬란한 열쇠 하나가 떠올
라서 내 가슴 속으로 스며든다.

　열쇠에는 문장이 적혀 있다. '이미 모든 것이 충분하다!'

나는 필요한 모든 것을 가지고 있다! 나는 가슴으로 전달된 이 말이 진실이라는 것을 즉각 알 수 있었다. 자유로운 해방감이 느껴졌다. 순간적으로 스윙월드에 빠져나와 근원과 일치를 이룬다. 온몸으로 느끼며 감사한다. 적어도 이 순간만큼은 다르다. 새로운 나, 모든 것이 그대로 다 충분하다. 복잡한 생각이 텅 비고 확신이 가득 찬다. 스윙월드에서 잠시 빠져나온 것 같다.

눈물이 흐른다. "감사합니다! 지금 정말 편안하네요!" 자연스레 감탄이 터져 나온다.

"지금 당신이 느끼는 모든 감정이 진실입니다. 스스로를 믿으세요. 지금 이 순간 있음, 사랑, 빛을 찾는 건 어렵지 않아요."

"있다. 있다. 있다. 빛이 있다. 사랑이 있다. 내가 있다. 나는 필요한 모든 것을 가지고 있다. 감사가 있다. 이레가 있다. 아이들이 있다. 남편이 있다. 이미 모든 것이 충분하다."

"잘하고 있어요. 신은 당신을 통해 세상을 봅니다. 당신은 신의 눈입니다. 당신이 느끼는 세상을 알려주세요. 당신이 보는 세상을 말해주세요. 당신의 이야기를 들려주세요."

충분함과 있음의 세상에서 만나는 것들

"나에겐 용기가 있어요. 나는 빛입니다. 나는 사랑입니다."

입 밖으로 나오는 모든 문장이 신비롭고 아름답게 느껴진다. 어느새 눈에선 눈물이 떨어진다. 신은 늘 내 곁에 있었다.

"온 세상이 사랑이에요. 빛이 가득하네요. 이것이 신이 우리를 보는 시각이군요!"이 세상 모든 것이 신비롭고 아름답게 느껴진다. 눈물이 멈추지 않는다. 이미 기적은 내 안에 있다. 내가 알아차리는 순간 비로소 내 삶에 쏟아진다.

"온 우주가 나를 축복한다. 신이 나를 사랑한다. 온 우주에 사랑이 있다.…"나는 아무 두려움 없이 계속 말을 이었다. "신의 사랑은 거대한 태양과 같아요. 바람에 꺼지는 촛불이 아니라 멈추지 않는 용광로처럼 뜨거운 거대한 태양. 엄청나게 큰 사랑이 느껴져요. 사랑이 흘러 지구로 쏟아지네요. 세상의 모든 생명체가 그 사랑을 받아요."거대한 황금빛 에너지가 온 지구를 뒤덮는 모습이 떠올랐다. 지구의 모든 생명체가 축복과 사랑의 빛을 받으며 기뻐한다. 그중엔 나와 내 가족도 있다.

"그 사랑과 축복 속에서 당신은 어떤 감정이 들죠? 생각나는 대로 다 말해 봐요."

"나는 사랑받을 자격이 있다. 나는 누릴 자격이 있다. 나는 사랑받는다. 나는 가져도 된다. 내 몫을 주장해도 된다. 내가 다 가져도 될 만큼 온 우주에 풍요가 차고 넘친다. 우주엔 넘치는 풍요가 있다. 나는 승리자다. 나는 승리할 자격이 있다. 나에게 선택할 힘이 있다. 우주에 사랑이 있다. 사랑의 힘과 치유의 힘이 내게 부어진다. 모든 상처를 회복시킬 영원한 사랑이 있다. 인간은 누구나 깨어날 수 있다."

"인간은 누구나 깨어날 수 있다. 그것을 더 느껴보세요. 다른 말들로 바꿔보세요." 이레가 나의 의식을 더욱 확장시켜준다.

잠시 멈칫 하는 마음이 들었다. 하지만 이내 이레가 나눠주는 사랑에 용기를 얻어 입술을 움직여본다. "인간은 누구나 깨어날 수 있다. 나는 깨어날 수 있다. 나는 깨어나고 있다. 나는 깨어났다. 이미 모든 것이 충분하다. 모든 것이 다 잘되고 있다."

좀 전까지만 해도 마음에 뭔가 부족하다는 께름칙함이 있었다. 그런데 나는 깨어났다고 현재형으로 말하는 순간 그것이 녹아 사라지는 게 느껴졌다. 살면서 단 한 번도 내 것이라 생각한 적 없던 말들이다. 이 말이 모두 내 것이 된다면 내 삶도 변할 것이다. 이런 기분은 처음이다.

"내 앞에도 사랑, 내 뒤에도 사랑, 내 왼쪽에도 사랑, 내 오른쪽에도 사랑, 내 위에도 사랑, 내 아래에도 사랑…. 이 말 외에 아무것도 떠오르지 않아요. 동서남북 어디를 봐도 모두 사랑만 보여요."

"그 기분 그대로 미래로의 꿈 여행을 시작해볼까요? 될 수 있는 최고의 나로 사는 상상을 해보는 거예요."

이레와 나는 어느 덧 아름다운 라벤더 꽃밭 앞에 있다. 끝도 없이 피어 있는 아름다운 꽃들이 웃으며 반겨주는 것 같다.

될 수 있는 최고의 나로 사는 삶

"자 여긴 상상의 세계, 꿈의 세계에요. 아무 한계나 제한이 없답니다. 될 수 있는 최고의 나는 어떤 모습인가요?"

나는 새로 뽑은 근사한 무광 블랙 자동차에 타고 있다. 아이들에겐 친절하고 실력 있는 선생님들이 있다. 금액을 보지 않고 메뉴의 음식을 시킨다. 최고의 셰프가 해준 요리를 즐긴다. 멋진 스파 시설이 있는 호텔에서 혼자만의 여유를 즐긴다. 주 3회 최고의 코치가 집을 방문해 운동과 함께 자세를 교정시켜준다. 돈 걱정 없이 내 시간을 즐긴다. 아이들 장난감이나 학용품도 원하는 대로 사준다. 회사는 자동으로 굴러가게 세팅해두고 발리, 세부, 두바이, 파리, 칸쿤, 하와이 등지에서 원하는 만큼 지낸다. 미래의 내 모습은 좋아보였다.

"당신이 이룬 부를 누리세요. 더 상세히 보세요. 어떤 옷을 입고 누구와 만나는지 보세요. 오감을 이용해서 직접 보고 듣고 마시고 움직여보세요. 당신의 세상에서 당신은 안전합니다." 이레가 용기를 주었다.

상상하는 모든 것이 진짜처럼 눈앞에 펼쳐진다. 발리에서 마사지를 받으며 온몸이 녹아내리는 감각을 느낀다. 필리핀에서 마시는 수박주스는 얼마나 시원하고 달콤한가. 온 가족을 데리고 하와이로 날아간다. 아름다운 바다풍경을 보며 싱싱한 바다가재를 소스에 찍어 먹는다. 풍미가 입안 가득하다. 미디엄 레어로 익힌 고기를 입에 넣어 씹어본다. 아이들은 현지인들과 스스럼없이 어울려 잘 논다. 바닷가에서 맨발로 뛰어다니는 아이들 모습이 자유롭다.

순식간에 배경이 바뀌었다. 여기는 어딜까? 감미로운 재즈가 흘러나온다. 에펠탑이 보이는 호텔에서 와인을 곁들여 정찬을 즐긴다. 프랑스인가보다. 눈앞에는 남편과 아이들이 웃고 있다. 가족들은 모두 고급스러운 원피스와 양복을 입고 있다. 낯설고 어색하지만 참 멋지다. 우리는 가는 곳마다 환영 받는다. 영화처럼 살고 있다.

"또 어디로 가고 싶어요?" 이레의 목소리가 들렸다.

상상하는 대로 계속 배경이 바뀐다. 온갖 근사하고 아름다우며 기분 좋은 상상들이 꼬리에 꼬리를 물고 이어진다. 시공간을 초월해 계속 체험한다.

그런데 마음 한편에 의심이 뙈리를 튼다. 내가 정말 이런 삶을 살 수 있다고? 그때 이레가 엄지와 검지를 모아 동그라미를 만들었다가 검지를 튕긴다. 그러면 의심이 비눗방울 터지듯 사라진다. 이레의 동작이 익살스러워 함께 웃는다.

"의심 없이 그저 바라보세요. 당신은 이미 충분합니다."

이레가 다시 한 번 강조하며 말했다. "이보다 더 큰 복을 누릴 자격이 있어요."

이레의 말이 마음속 깊이 전달된다. 나는 계속 꿈을 꾸듯 풍요로운 내 모습을 바라본다. 경제적 자유와 마음의 평화를 모두 누리는 내 모습, 너무 보기 좋고 잘 어울린다. 부디 꿈이라면 깨지 말기를…. 나는 나도 모르게 '있다'라는 문장을 완성시켜 본다.

Yire's
Money Secret

나는 사랑받을 자격이 있다. 나는 누릴 자격이 있다. 내가 다
가져도 될 만큼 우주에 넘치는 풍요가 있다. 나는 승리자다.
나는 승리할 자격이 있다. 나에게 큰 힘이 있다. 우주에는 넘
치는 사랑이 있다. 사랑의 힘과 치유의 힘이 내게 부어진다.
모든 상처를 회복시킬 영원한 사랑이 있다. 인간은 누구나 깨
어날 수 있다.

이해하는 모든 것은 가질 수 있다.

– 솔로몬

당신은 모든 걸
누릴 자격이 충분해요

인생이라는 스윙을 정신없이 왔다 갔다

이레의 안내대로 최고의 나를 꿈꾸고 있는데 다시 내 안에서 다른 목소리가 들린다. 2개의 목소리가 서로 싸운다. 나는 부자가 될 자격이 있다고 말하는 목소리와 나는 누릴 자격이 없다고 소리치는 목소리….

어느 새 자유롭고 행복했던 꿈 여행은 희미해지고 머리가 아파온다. 머릿속에서 시끄럽게 떠드는 목소리가 또 들린다. 지긋지긋하다! 그런데 아뿔싸! 눈을 떴더니 다시 스윙월드의 잿빛 세상이다. 화들짝 놀라 이레의 팔을 강하게 붙들면서 그 지옥에서 겨우 빠져나온다. "하루 종일 멈추지 않고 떠드는 이 내면의 목소리가 바로 스윙월드의 프로그램 소리예요?" 나는 방금 전 들렸던 목소리를 떠올리며 진저리를 쳤다.

"맞아요. 불만족 속에서 계속 반대편을 갈망하게 만듭니다. 반대편에 도달하면 다시 또 반대로. 깨닫기 전까지 반복합니다. 하지만 평생을 스윙해도 행복은 오지 않아요. 죽을 때까지 자신이 스윙하고 있다는 것조차 모른 채 양 극단을 오갑니다. 소용없다. 헛되다. 부질없다고 말하면서."

"한쪽 극단에만 있을 순 없는 건가요? 돈 많고 행복하고 선하고 아름답고 젊게만?"

"스윙월드 안에선 불가능합니다. 스윙월드에선 오직 스윙의 법칙만 적용되니까요."

"너무 끔찍해요. 결국 인생은 원하는 것과 원하지 않는 것으로 구성된 1+1 상품이란 거잖아요. 행복+불행, 부+가난, 태어남+죽음… 이런 게 세트로 온다고요? 아무리 1+1을 좋아해도 그런 건 정말 싫어요."

"그래요. 싫을 수 있지요. 그럼 예를 들어 볼까요?"

이레의 어투는 뭔가 신나게 들린다.

마이너스가 있기에 플러스가 아름답다

"헤어짐이 없다면 어떨까요? 죽음이 없고 영원한 삶만 있다면 어

떨까요? 아무도 죽지 않고 아무도 헤어지지 않는다면?" 이레가
물었다.

영원불멸 불로불사의 사람들이 사는 지구? 뭔가 미라나 좀비
같을까? 자연스럽지 않다. 천 살 옆집 아저씨, 4천 살 윗집 사람….
헤어짐 없는 무한한 인연도 뭔가 싫을 것 같다. 지지 않는 꽃, 떨어
지지 않는 낙엽, 영원한 낮이나 밤도 뭔가 어색하다. 고통과 병, 실
패가 없는 세상…. 어딘지 밍밍하다.

내 표정을 보며 이레는 살짝 웃으며 말한다. "배고픔이 없다면
배부름을 알까요? 가난이 없다면 부가 기쁠까요? 죽음이 없다면
삶을 후회 없이 살고 싶은 마음이 들까요? 눈물 흘리고 외로운 날
이 없다면 지금 곁에 있는 사람이 얼마나 소중한지 깨달을 수 있을
까요? 칠흑 같은 어둠이 없다면 별은 반짝거릴까요?"

그러고 보니 스윙월드엔 잿더미 같은 낮만 있다. 코끼리와 사람
들은 쉬지도 자지도 먹지도 않고 계속 걷는다. 영원히 되풀이되는
반복된 삶. 그게 오히려 지옥이 아닐까?

"가치는 대조를 통해서 드러납니다. 어둠이 있어야 빛이 있고
악이 있어야 선이 드러납니다. 음과 양이 조화를 이루는 것입니다.
대조를 통해 인간은 삶의 신비를 깨닫습니다. 대조를 통해 자신이
누구인지 진정 알게 되는 것이지요." 이레의 말은 납득이 간다.

"그래도 정도가 있지 양 극단은 너무 싫어요. 신은 왜 그런 세상
을 만드신 거죠?"

"신은 세상을 아름답게 만들었습니다. 그러나 인간이 스윙월드를 만들고 들어가 문을 걸어 잠갔지요. 신은 인간을 사랑해서 이 모든 방황도 허락했습니다. 그리고 모든 것이 협력해 선이 되도록 돕고 있지요. 이 게임을 보세요. 신은 실수하지 않으신답니다." 이레가 손을 펴서 둥글게 저으니 눈앞이 게임 장면으로 바뀌었다.

모든 영혼은 성장하고 싶어 한다

테트리스 게임이 보인다. 난 이 게임을 즐겨했었다.

"한 번 해봐요." 영문은 모르겠지만 이레의 말에 따라 테트리스 게임을 시작했다. 그런데 이건 지루해도 너무 지루하다.

"이거 왜 이리 쉬워요? 난이도가 없네."

"아주 천천히 계속 쉬운 도형만 나오니까 하기 싫죠? 게임은 아슬아슬하게 실패하고 깨나가는 재미죠. 인생도 게임 같다면요?"

이레가 계속 설명을 이어갔다. "인간의 영혼은 성장하고 싶어 합니다. 그래서 지구에 왔어요. 더 많은 걸 경험하고 배우고 싶어 하죠. 영혼에게 있어 인생은 게임이나 영화와 비슷해요." 이레가 다시 팔을 펴서 둥글게 휘저었다. 그러자 눈앞에 세계인들을 울린 감동적인 영화의 장면들이 흘러나왔다.

"인생이 영화라면 난 별 볼일 없는 조연이나 엑스트라에요." 힘 없이 말했다.

"당신은 스스로를 별 볼일 없다고 믿었던 주인공입니다. 이제 내면의 소리를 들으며 변화하고 있고 그 끝은 찬란합니다. 인간은 누구나 얼마든지 자기 시나리오를 바꿀 수 있어요." 이레의 말엔 희망이 가득하다.

"스윙월드의 법칙대로라면 결국 아무리 벌어도 빈손이 되고 사랑해도 배신당하고 버림받잖아요. 뭘 해도 결국 새드 엔딩. 그렇다고 아무 난이도 없는 세상도 너무 심심해서 싫고요."

나도 모르게 양손으로 머리를 북북 긁었다. 머릿속이 스윙월드 안에 떠다니는 회색 잿가루로 가득하다. 이레의 몸에는 잿가루가 붙지 않는데 내겐 막 붙어버린다. 내 안의 이 잿가루들을 모두 탈탈 털어버리고 싶다. 대체 어떻게 해야 인생이 해피엔딩이 되는 걸까?

절대 버려질 수 없는
인생의 주인공

기도는 내용보다 느낌이 중요하다

"고집 부리는 어린애와 지혜로운 노인은 모두 같은 사람입니다. 인간은 주먹을 꽉 쥐고 태어납니다. 어떤 것이든 편견 없이 경험해 보고 움켜쥐려는 것이지요. 하지만 육신의 옷을 벗을 때가 되면 모든 걸 내려놓습니다. 힘을 주었던 손을 펴고 홀가분하게 떠납니다. 힘을 과하게 주던 손을 풀고 자연스럽게 힘을 빼는 것. 이것이 성장입니다."

"어려워요."

"욕심은 없다는 생각 때문에 생깁니다. 무의식 속 가짜 나를 믿을 때 생겨요. 없다는 생각이 나를 차지해서 대신 주인이 되는 거예요." 이레가 설명했다.

울고 싶은 심정이다. "움켜쥐어본 적이 없어서 좀 움켜쥐고 싶은데 그러면 안 되나요? 나는 아무것도 없는 집에서 나고 자란 찐 흙수저라고요!"

"그게 진실일까요? 기준이 뭐죠? 무엇에 비해 없고 부족한가요?" 장미정원에서 할머니 모습으로 해주었던 것과 같은 얘기다.

"알아요. 전셋집도 있고 차도 있죠. 하지만 시간이나 정신적 여유는요? 턱없이 부족해요. 언제까지 이렇게 휘둘리며 살아야 할지…." 말을 하면 할수록 부정적인 에너지에 휘말려 들어간다. 의심의 비누거품들이 눈앞을 가린다. 이레가 내 눈에 대고 손가락으로 의심들을 튕기며 일깨워준다. "깨어나세요. 당신은 지금 스윙월드에서 들은 말을 계속 반복하고 있어요."

"맞아요. 안 그럴래요." 다시는 절대 그러고 싶지 않다. 고개를 힘껏 저었다.

"사랑은 뿌린 대로 거둡니다. 없음의 느낌이 없음의 현실을 만듭니다. 있음의 느낌이 있음의 현실을 만듭니다. 붙잡으면 사라지고 놓아버릴수록 채워집니다." 이레가 강조했다.

나도 모르게 한숨을 쉬었다.

"모든 걱정에 사랑을 보냅니다." 이레가 노래한다. 이레의 목소리가 공간 전체에 울려 퍼진다. 마음이 한결 편안해진다.

놓아버릴수록 채워지는 까닭

"자! 여기 싸움에서 누가 이길까요?" 이레는 팔을 휘둘러 눈앞의 화면을 전투 장면으로 전환시켰다. 양측이 맹렬히 싸우고 있다. 그런데 숫자가 압도적으로 차이난다. 한쪽 병사는 바닷가 모래알보다 많고 다른 쪽은 보잘것없다.

"양측 병사들의 전투 기량은 모두 똑같아요. 한쪽 군대의 병사는 399,999,997,950명이고 다른 쪽 군대의 병사는 2,050명이에요. 누가 이길까요?"

아무리 수학에 약해도 이건 너무 쉽다. "당연히 수억 명 쪽이죠."

"그래요. 노력으로 없음을 채운다는 발상은 2천 명의 군사로 3,999억 명을 싸워 이기려는 것과 같아요. 스윙월드에서 헛되이 고삐를 휘두르는 인간들을 보았죠? 허망한 시도일 뿐이에요."

"백전백패겠네요." 그들의 퀭한 눈동자가 떠올랐다.

"오감으로 들어온 모든 신호를 뇌는 초당 4천억 비트 처리합니다. 그 중에 인식되는 것은 2천 비트 정도에 불과합니다. 그나마 의식으로 처리되는 양은 50비트 미만입니다. 나머지 수천 억 비트는 다 어디로 갈까요?" 이레가 물었다.

"무…의식…이요?"

"그래요. 신호 대부분은 무의식에 저장됩니다. 인간은 자기가 모든 걸 의식으로 판단한다고 생각하죠. 하지만 실제 대부분은 무의식이 처리해요. 의식은 절대 무의식을 이길 수 없죠. 정보량 차이가 엄청납니다. 아무리 의식적으로 노력해도 이뤄지지 않는 이유입니다."

"그럼 뭘 어떻게 해야 하죠?"

"먼저 무의식 속 감정과 나를 분리시켜야 해요. 감정과 달라붙어 있으면 감정이 나라고 착각하기 쉬워요. 감정의 압력을 줄여주는 무의식 정화가 필요합니다."

"맞아요. 무의식 정화! 저도 시각화와 긍정확언 같은 걸 하곤 했어요. 좋은 걸 보고 나는 부자라고 반복해 말했죠. 그걸로 부자가 된 사람들 얘기를 많이 들었거든요."

"그래서 효과가 있던가요?" 이레가 물었다.

"다른 사람들은 효과를 봤다고 하는데 전 잘 모르겠더라고요. 하다가 잘 안 되니까 좀 시들해지기도 했고."

"단순히 바라보고 주입하는 것으로는 부자가 될 수 없습니다."

시각화와 긍정확언만으로는 부족하다

"그럼 어떻게 해요?" 진짜 호기심이 일었다.

"느낌이 더 중요합니다. 부자가 된 이들은 이미 갖고 있다는 충만한 느낌으로 바라보고 주입했기에 그렇게 된 것입니다."

"느낌이라니 왠지 과학적이지 않은 거 같은데."

"그럼 과학적으로 말해볼까요?" 과학은 질색인데.

"양자역학의 이중슬릿 실험이 있죠." 이레는 모르는 게 없다.

"과학자들은 애초에 전자가 공 모양의 입자라고 생각했습니다. 그럴 경우 이중슬릿을 통과한 전자가 스크린에 2개의 줄무늬를 그려야 했죠. 그런데 정작 실험을 해보니 줄무늬가 여러 개 나왔습니다. 즉 전자는 입자이자 파동이라는 성질을 밝혀낸 것이죠. 쉽게 비유하면 공 2개를 골대에 던졌는데 골대 밖으로 20개의 공이 나와 버린 겁니다."

"공 하나가 어떻게 10개로 불어나요? 그건 물리법칙에….“

"과학자들도 깜짝 놀랐습니다. 다시 과학자들은 전자를 슬릿에 통과시키는 관측을 해보았습니다. 그런데 슬릿을 통과한 전자들이 2개의 줄무늬를 그렸어요. 말하자면 이번엔 골대에 2개의 공을 던졌더니 골대 밖으로 그대로 2개만 나온 겁니다." 신기한 노릇이다.

사랑은 뿌린 대로 거둡니다. 없음의 느낌이 없음의 현실을 만듭니다. 있음의 느낌이 있음의 현실을 만듭니다. 붙잡으면 사라지고 놓아버릴수록 채워집니다.

기분이 우울하면 과거에 사는 것이다. 기분이 불안하면 미래에 사는 것이다. 마음이 평화롭다면 지금 이 순간을 살고 있는 것이다.

- 노자

돈의 신의 우주에선
모든 게 해피엔딩

세상은 사람들의 마음을 읽는다

"어때요. 놀랍죠? 이 세상을 구성하는 원자는 인간이 관측하기 전까지는 파동이지만 인간이 관측하면 입자가 된다. 이것이 바로 코펜하겐 해석입니다." 이 난해한 이론이 스윙월드랑 무슨 연관이람?

"원자가 사람의 생각을 읽는다는 겁니다. 세상 역시 당신의 무의식을 읽어요. 당신의 무의식이 결핍을 주문하면 결핍의 세상을 만들어 내놓습니다."

내가 바라보는 대로 세상이 변한다! 멀티유니버스엔 무한대의 내가 있다. 부자 나, 거지 나, 유명 나, 무명 나, 기혼 나, 미혼 나, 직장인 나, 인재 나, 무능 나, 노인 나, 애기 나…. 내가 무의식으로 선택한 내가 그에 맞는 우주를 만들어낸다! 상상력이 터진다.

"수많은 평행우주에서 당신이 원하는 나를 데려오세요."

"네? 그래도 돼요?"

"내가 되고 싶은 미래의 나, 걱정 없이 사는 나, 모든 고민을 해결한 나, 풍요를 누리는 나, 잠재력을 최대로 발휘한 나를 데려오세요. 그들에게 해결책을 물으세요. 긍정확언과 시각화 기법도 적극적으로 활용하고요. 그냥 꿈꾼다고 생각하고 편하게 상상해보는 겁니다."

"지금 제 우주는 불만투성이에요. 그러니 말투, 생각, 행동, 모든 걸 다 바꿔야겠죠? 새로운 환경에 어울리는 사람이 되어야 하니까요."

"그대가 생각감정을 알아차리고 새로운 방식을 택한다면…." 이레가 잠시 말을 멈추고 미소를 짓는다. "그대가 있는 곳 어디든 천국일 겁니다. 손이 닿는 곳마다 쳐다보는 곳마다 발걸음 닿는 곳마다 꽃이 피어날 거예요."

얽어맨 감정의 사슬을 잘라내라

"거의 다 따라왔어요. 스윙월드에서 코끼리와 사람들이 무엇으로 연결되어 있는지 기억나요?"

"겹겹의 사슬이었는데…. 아주 굵고 강해 보였어요."

"그 사슬은 뭐로 만들어졌을까요? 이제 잘 알 거예요."

"감정!" 내가 정답을 맞히자 이레가 활짝 웃는다.

"그래요. 답은 감정에 있어요. 감정과 나를 분리하세요. 나가기로 결심만 하면 탈출구가 보입니다. 그 다음엔 그냥 문을 열고 나가면 됩니다."

"감정을 변화시키는 가장 좋은 방법은 있음에 집중하는 거고요?" 이번에도 이레의 얼굴이 환해진다.

"맞아요. 이미 있는 것들을 찾아 감사하면 됩니다. 자연스레 마음에는 평화 얼굴에는 미소가 떠오릅니다. 감춰진 주인공이 드러나게 됩니다. 주인공은 불가능 속에서 가능성을 찾습니다. 주인공은 어둠에서 빛을 찾습니다. 주인공은 없음에서 있음을 찾습니다. 그래서 주인공이 등장하면 영화의 전개가 빠르고 흥미로워지지요."

"나도 내 삶의 주인공으로 살아갈 거예요!"

나도 나갈 수 있다. 희망이 보인다. 보물지도라도 발견한 듯 행복해졌다. "혹여 다시 감사와 있음을 잊고 불만족과 없음에 집착하게 되면요? 스윙월드에 다시 휘말리게 되면요."

"그땐 지금 이 순간을 기억하세요. 뭔가를 가져야 행복해진다는 것은 에고의 마음입니다."

두려워 말아요,
우주는 당신 편이니까

에고는 자로 재고 칼로 나눈다

"에고의 첫째 특징은 무지함입니다. 깜깜한 밤 시골길을 걷고 있는데 전등이 모두 나갔다고 상상해보세요. 얼마나 무섭고 두려울까요? 그런데 멀리서 뱀 같은 것이 보입니다. '세상에 뱀이라니! 뱀한테 물리면 어떻게 될까? 난 곧 죽겠지? 저 뱀의 독은 무시무시할 거야. 여긴 도와줄 사람도 없고. 엄마 나 죽어!' 에고도 마찬가지입니다. 두려움이 너무 커서 자신이 생각이 진짜라고 착각합니다. 너무 무서워서 눈도 잘 못 뜨고 보이는 것이 없습니다. 그래서 멀리 있는 새끼줄을 뱀이라 여기며 벌벌 떨고 있어요. 둘째 특징은 심판이지요. 자신만의 비교, 판단, 특별함, 과장 등으로 타인을 심판합니다. 스스로를 지키기 위해 상대와 거리를 두고 칼로 잘라냅니다. 에고는 자와 칼에서 힘이 나온다고 믿어요. 무지해서 그렇죠. 에고는 타인을 심판하는 줄 알지만 실제론 자신을 심판하고 있어요. 이기기 위해 자기를 과장합니다. 과장에는 위로 솟은 과장과 아래로 꺼진 과장이 있습니다. 없는데 있다고 하는 것, 잘난 척하는 것은 위로 솟은 과장입니다. 있는데 없다고 하는 것, 겸손한 척은 아래로 솟은 과장이고요."

"겸손도 에고의 특성이군요." 놀랍다.

"진짜 겸손이 아니라 겸손한 척하는 것이 에고지요. 에고는 척하기 대장이니까요."

"그럼 어떤 것이 참된 겸손일까요?"

"있는 것을 있다고 하는 게 진짜 겸손이에요. 잘하는 걸 잘한다고 하고 못하는 걸 못한다고 인정하는 것이죠. 에고의 셋째 특징은 이분법적 세계관입니다. 에고는 자를 대고 선 긋기를 좋아해요. 에고의 세상에선 분리가 생겨납니다. 선을 긋고 자르고 색칠하고 비교하고 분리해 자기만의 법칙을 만듭니다. 다른 이들한테도 그걸 강요하죠. 내가 제일 잘나야 하고 내가 다 가져야 합니다. 에고의 세상에선 남이 가지면 난 빼앗긴다고 믿어요. 그래서 남보다 더 가져야 이긴다고 착각합니다."

왠지 고집쟁이 같은 에고가 밉다.

"에고는 세상을 둘로 토막 내길 좋아합니다. 그 잣대가 끝도 없어요. 힘들게 사는 사람들 중에는 대대로 이런 세계관을 부여잡고 사는 경우가 많아요. 네가 가지면 내 것은 없어진다고 생각합니다. 네가 다 차지하면 난 뭘 가지냐며 화내고 탓하죠."

"그럼 에고가 아닌 진짜는 어떻게 하나요?"

"시기와 질투 대신 기대하지요. '그가 성공했다면 반드시 내 몫의 성공도 있다. 우주엔 모두를 만족시킬 충분히 많은 선물이 준비되어 있다!' 그렇기에 진심으로 축하할 수 있어요. 모든 것은 충분하며 이미 다 마련되어 있으니 반드시 내 차례가 옵니다. 당신을 위한 신의 축복은 하늘의 별이나 바다의 모래알보다 많아요. 지구를 덮는 바닷물이나 우주를 가득 채운 공기처럼 영원히 고갈되지 않고 풍요롭습니다."

"음… 거짓말이래도 좋은걸요. 상상만 해도 깊은 숨이 쉬어져요."

"이게 진실입니다. 잘하고 있어요. 계속 모든 감정을 느껴보세요. 에고의 넷째 특징은 수다쟁이라는 것입니다. 계속 떠들어댑니다. 진짜 부자와 부자인 척하는 사기꾼 중에서 누가 더 말이 많을까요?"

"당연히 사기꾼이겠죠?"

"진실이 아닌 걸로 설득하려니 말이 많아질 수밖에 없어요. 진짜는 존재 자체로 말하고 있으니까 증명할 필요가 없습니다. 에고는 시끄럽고 부산스럽게 해서 시선을 끌기에 사람들이 쉽게 마음을 빼앗깁니다. 에고의 말에 넘어가서 자기도 모르게 코끼리에 올라타서 평생 끌려 다니며 삽니다."

"그럼 그렇게 되면… 평생 세상으로부터 버려진 채로 살아야 하는 걸까요?"

당신은 당신 인생의 작가이자 주인공

"당신은 절대 버려질 수 없는 존재예요. 그러니까 불안해하지 말아요. 에고의 특성을 이해하고 놓아버리면 평화가 찾아옵니다. 에고는 뭐든 혼자 하려고 하죠. 자신도 세상도 신도 믿지 않기 때문입니다. 신의 반대편에 있으니 신을 믿을 리가 있나요? 하지만 뭐든 혼자 할 순 없어요. 결국 지쳐 떨어지게 됩니다."

"저는 어떻게 하면 좋아요?"

"과거를 내려놓고 성장을 선택하세요. 과거를 내려놓으면 현재의 우주가 펼쳐집니다. 스스로를 너그럽게 봐주세요. 자신을 용서하면 분노 대신 사랑으로 갈 수 있어요."

나는 여전히 두렵고 겁이 난다. 끝내 에고의 손아귀에서 벗어나지 못하면 나는 어떻게 되는 걸까? 손발에 땀이 차면서 정신이 아득해진다. 그때 이레가 밝은 표정으로 말했다.

"영화에서 주인공이 죽는 걸 본 적 있어요?"

"주인공이 끝까지 살아남죠."

"당신의 우주에서는 당신이 주인공이에요. 그러니 걱정 말아요. 지금까지 멋지게 살아왔어요. 애초에 세상에 태어났다는 것 자체가 얼마나 커다란 행운인데요. 지금 이 순간 살아있는 게 얼마나 운 좋은 건지 사람들은 자주 망각해요. 결국은 모두 해피엔딩이에요."

"정말요?"

"우주에 우연은 없어요. 지금 이 순간 내가 어떤 선택을 하느냐에 따라 새로운 세상이 창조됩니다. 무슨 일이 일어나든 점점 더 좋아지고 있습니다. 당신은 잘 될 수밖에 없어요. 우리는 모두 알고 있죠. 그래서 당신의 모든 삶에 대해 다 괜찮다고 말합니다. 그것이 진실이니까요. 희로애락이라는 삶의 파도 너머의 당신은 풍요롭고 편안합니다. 당신은 자유 그 자체입니다."

"태어난 것도 살아남은 것도 모두 다 큰 행운이다. 다 괜찮다 잘 될 수밖에 없다…." 나는 이레의 말을 따라 읊조렸다.

"당신의 우주에서 당신이 유일한 주인공입니다. 그런데 어떻게 잘못되겠어요? 당신이 눈을 감으면 우주가 사라집니다. 당신은 하찮은 존재가 아니에요. 온 우주와도 바꿀 수 없을 만큼 소중한 존재입니다."

"쑥스럽네요. 그래도 기분이 좋아요. 처음 들었어요. 나는 늘 부품, 소모품, 엑스트라라고 생각했거든요. 이레는 내가 주인공이라는 걸 알려주려고 온 거였군요?" 이제 이레가 없는 일상을 상상하기 힘들다.

"나는 보일 수도 있고 전혀 보이지 않을 수도 있습니다."

"당신이 보이지 않으면 불안할 것 같아요."

"기억하세요. 보이건 보이지 않건 언제나 당신 곁에 있다는 것을요. 나는 당신의 탄생 전부터 마지막까지 단 1초도 빠짐없이 당신과 함께입니다. 늘 내가…… 그대 곁을…… 지키고… 있겠…습니다……."

이레의 모습도 점점 흐려지며 서서히 사라진다.

정신을 차려보니 어느 새 다시 세미나장 앞에 와 있다. 시간은 2시 5분 전. 오후 강의가 시작되기 바로 전이다.

당신은 절대 잘못될 리 없다. 당신의 우주에서 주인공은 당신이다. 당신이 세상에 태어났다는 것 자체가 커다란 행운이다. 당신은 잘 될 수밖에 없다. 무슨 일이 일어나든 점점 더 좋아지고 있다.

행복한 일상 속에 있더라도 노력하지 않는다면 삶은 한순간에 무너질 수 있다. 그래서 목표를 이루는 것보다 중요한 것이 고난을 이겨내는 힘이다. 고난을 이겨내려면 살아야 할 이유를 명확히 알아야 한다. 특히 당신이 유일무이하고 가능성이 무궁무진한 존재라는 것을 스스로 믿어야 한다. 원하는 것을 얻으려면 먼저 당신부터 귀하게 여겨라. 삶을 하찮게 여기는 순간, 사람은 그때 죽는다.

– 켈리 최, 켈리델리 창립자 《웰씽킹》 저자

사랑이 되는 것이 곧 내가 되는 길입니다. 사랑은 엄청난 힘입니다.
사랑의 느낌은 가장 평화로운 상태입니다.
사랑이 가득할 때 당신은 스스로 마치 다른 사람인 것처럼 느낍니다.
사랑은 우주 안에 있는 모든 힘을 줄 뿐 아니라 기쁨과 지식도 내어줍니다.

_ 레스터 레븐슨

제5장

당신은 우주 최고로
소중한 존재다

오로지 사랑만 담아서
선물하세요

사랑받고 싶다는 절박함으로는

교육의 마지막 날이다. 오후 강의는 꽤 빡빡하다. 하지만 새삼 모든 강의가 유익하게 느껴졌다. 평소라면 심드렁하게 수동적으로 들었을 얘기들조차 '회사에 돌아가서 활용하고 싶다'는 의욕에 차서 꼼꼼히 메모하며 들었다. 무엇보다 강의가 끝나고 나면 다시 이레와 만나게 될 것이 기대되었다.

리조트에 온 이래 오늘 저녁식사가 제일 맛있었다. 미역국과 비빔밥에 불고기까지 다 내가 좋아하는 음식이다. 기분이 좋았다. 참가자 몇 명과 인사도 하고 명함도 주고받으면서 나중을 기약했다.

누군가 눈여겨보았다면 이틀 전과는 완전히 다른 사람이 와 있다고 생각했을 것이다.

숙소에 돌아가 이를 닦고 가볍고 화사한 옷으로 갈아입었다. 입술에 가볍게 립스틱을 발라 생기를 더했지만 그러지 않아도 얼굴에 활력이 넘쳐 보인다. 서둘러 분수대 광장 등나무 벤치로 달려갔다. 거기엔 변함없이 이레가 있었다.

"잘 다녀왔어요?" 이레가 반갑게 맞아주었다. 내가 태어나기 훨씬 전부터 내 존재의 마지막 순간까지 함께 한다는 이레의 말이 맞다. 아주 오랜 편안한 친구를 만난 것처럼 마음이 충만해진다.

"이레를 만나 공짜로 배우면서 전 아무것도 드릴 게 없어 미안하네요." 짜증내고 울고 어리광부린 걸 생각하니 부끄럽기도 하다.

"우리는 아무것도 돌려받지 못할 때 오히려 기뻐합니다."

"그래요?"

"신께서 우리가 받을 보상을 세고 있으니까요. 신은 늘 차고 넘치도록 주시는 분입니다. 저는 하루를 도와서 행복하고 신께선 늘 넘치도록 담아주시니 기쁘지요. 그런데 하루는 앞으로 돈이 많아진 다음엔 어떻게 하고 싶어요?"

나는 막연히 돈만 많으면 된다고만 생각했다. 돈이 많아진 후 어떻게 할지에 대해선 별로 생각해본 적이 없다. 집이나 한 채 산 다음엔 오빠를 도와야 할까? 하지만 그러고 싶지 않다. 돕고도 좋은 소리 한번 못 들었다. 이런 내 마음을 알았는지 이레가 조용히 물어보았다.

"가족에게 돈을 주고 마음 상한 적이 있었죠? 당신이 열심히 번 돈을 나눈 것은 좋은 행동입니다. 그런데 그 행동 뒤 마음은 어땠을까요? 행동이 의식이면 마음은 무의식입니다. 당신은 풍요의 씨앗을 뿌렸나요, 결핍의 씨앗을 뿌렸나요?"

이레가 이 얘기를 꺼낸 이유를 알 것 같다. 나는 돈이 많아져도 결국 누군가에게 뜯기고 말 거라는 불안감이 있다.

"분노의 마음으로 나누면 거래가 됩니다. 돈을 줄 테니 사랑을 돌려줘. 관심을 줄 테니 인정을 돌려줘. 돌봄을 줄 테니 나를 버리지 말아줘.…"

"맞아요. 나는 오빠가 날 돌봐주기를 바랐어요. 돈을 주면 날 신경 쓰고 사랑해줄 거라 생각했죠. 생각해보니 사랑으로 준 게 아니라 거래의 마음으로 준 것이었어요." 솔직히 인정한다.

사랑과 미움은 세트로 온다

"없음의 씨앗을 뿌리면 없음의 현실이 창조됩니다. 진짜 사랑은 계산이 없어요. 주는 것만으로 기쁘고 받아주어서 고마울 뿐이죠. 그런데 거래는 어떨까요? 내가 줬으니 너도 돌려줘 하면 받는 쪽도 기분 좋을 리 없습니다. 사랑은 이유, 판단, 대가 없이 흘려보내는 마음입니다. 사랑이라는 이름으로 거래를 하면 상대방은 졸지에 빚쟁이가 되어버립니다."

"도와준 게 아니라 오히려 언제 갚을 거냐고 압력을 넣은 셈이네요." 마음이 무거워진다.

"많은 이들이 그런 식으로 서로에게 상처를 입힙니다. 돈 벌어다줬는데 왜 대접 안 해주느냐. 열심히 집안일 하는데 왜 무시하느냐.…"

아버지가 그랬고 어머니가 그랬다. 남편에게 나한테 해준 게 뭐냐고 악을 썼던 내 모습도 생각났다. 인생이 힘들고 아픈 이유가 여기 있었다.

"돈으로 사랑을 사려고 하면 더 큰 결핍만 얻게 됩니다. 자신을 희생해서 준다는 느낌은 아주 큰 결핍의 씨앗입니다. 결핍의 씨앗은 증오나 미움의 현실을 만들어냅니다. 그러니 선심 같은 건 쓰지 말아요. 희생도 하지 말아요. 희생은 위장된 분노입니다. 사랑하며 헌신할 순 있어요. 하지만 상대를 조종하기 위한 선심이나 희생의 결말은 뻔합니다. 파국이지요. 모든 것이 분노로 변합니다. 사람이 파괴적으로 변하게 되지요."

분노, 미움, 용서, 미안함은 남지 않게

주었으면 돌려받지 않아도 괜찮다

"그럼 어떻게 하는 게 좋을까요?"

'있음'의 마음으로 주세요. 기쁨으로 주고 그것으로 끝내는 것입니다. 그런데 많은 이들이 사랑을 잘 몰라요. 사랑을 받아본 적 없는 아이는 커서도 사랑하는 데 미숙합니다. 받아보지 못한 사랑이 절로 우러나올 리 없지요. 때로 슬프게도 버림받은 사람들끼리 서로 없는 사랑을 내놓으라고 다툴 때도 많아요.

"그래도 주는 사람 쪽이 더 속상하고 화나지 않을까요?" 오빠에게 화가 났던 스스로에 대해 변명해본다.

"왜 화가 납니까?" 이레가 물었다.

"어느 정도 기대가 있었을 테니까요."

"기대는 누가 만들었을까요? 화나고 속상한 이유는 기대했기 때문입니다. 누가 기대했죠? 내가 기대했습니다. 상황이 기대에 못 미치니까 화가 납니다. 모두 자기 기준이죠. 돈이 생기면 흥청 망청 쓰는 사람도 있어요. 돈이 많아져도 마음에는 여전히 결핍이 가득해요. 인정받고 칭찬받고 사랑받고 싶어서 돈을 씁니다. 돈이 있어야 인정받는다는 마음은 곧 '돈이 없는 나는 아무것도 아니다'라는 마음인 셈입니다."

화낼 일을 만들지 마세요.

"나는 주는 것으로 충분히 기쁘다. 주고서 돌려받지 않아도 된다고 마음을 정하면 됩니다. 그러면 미워하거나 서운할 일이 없습니다. 줄 때에도 받을 때에도 마음이 중요해요."

"그렇군요." 내가 왜 주는 것도 받는 것도 힘들었는지 알 것 같다.

"주려면 기쁘게 감동적으로 주세요. 마지못해 주는 사람은 받을 때에도 마지못해 받습니다. 제일 안 좋은 것만 주는 사람은 제일 안 좋은 것만 돌려받습니다. 아예 못 쓰는 것을 주는 사람은 아예 못 쓰는 것을 받습니다. 그러니 기쁜 마음으로 줄 수 있는 것을 주세요. 그냥 주고 좋아서 주고 돌려받겠다는 생각 없이 주세요. 돌려주지 않는다고 미워하거나 원망할 거면 아예 주지 마세요. 주고서 하나도 돌려받지 못해도 평안한 마음일 때 기쁘게 주세요."

"편안한 마음으로 기쁘게 준다!"

"조건 없이 주세요. 미안할 일, 사과할 일, 용서할 일을 만들지 마세요. 주고 걱정하거나 미워할 것 같으면 차라리 주지 마세요. 그럴 땐 안 주는 것이 오히려 돕는 겁니다."

안 좋은 것을 주고 미안해하고 걱정했던 일, 좋은 것을 주고 미워했던 일, 나 혼자 분을 삭이고 용서하던 일이 생각난다.

"새 포도주를 새 부대에 담으라는 말이 있지요? 그게 무슨 뜻일까요? 새 술을 담을 수 없는 낡은 가죽 부대란 뭘 말할까요?"

"정말 유명한 성경구절인데… 잘 모르겠어요." 아는 척하지 않으니 마음이 편하다.

"낡은 부대는 결핍의 마음입니다. 새 부대는 풍요의 마음입니다. 축복과 행운, 돈과 기회는 풍요의 마음에 담겨야 탈이 나지 않습니다. 그래서 우리는 당신의 의식이 변화되기만 기다리고 있어요. 새 부대가 준비되어야만 풍성히 담아줄 수 있으니까요. 세상에 이미 풍요와 행운이 넘쳐납니다. 우리는 너무나도 간절히 주고 싶어 합니다." 이레가 말하는 새 부대는 있음의 마음을 뜻했다.

"사실 전 이제껏 주는 것도 받는 것도 다 어색했어요. 특히 받을 때 더 어쩔 줄 몰랐죠. 그냥 감사의 마음으로 받으면 되는군요. 그런데 만약 누군가가 내가 원하지 않는 걸 주려고 할 때는 어떡하죠?"

"조건 없는 사랑에는 독이 없습니다. 하지만 누군가 조건부로 준다면 한번 생각해보세요. 이걸 받고 나서 화나거나 용서하거나 사과하거나 미안할 일이 생길까? 찜찜하다면 받지 않는 것이 맞습니다. 독이 있는 선물은 결국 해가 되니까요. 독이 담긴 것은 거절하세요. 사랑으로 주는 것이라면 모든 것을 감사히 받으세요."

"아주 간단하네요. 기쁨으로 주고 감사함으로 받는다. 계산이 담긴 것은 주지도 받지도 않는다." 조금 알 것 같다.

조건 없이 주라. 화낼 일을 만들지 마라. 미안할 일, 사과할 일, 용서할 일을 만들지 마라. 사랑이 아니라면 차라리 주지 말라. 줄 때에는 오로지 사랑만 담아 기쁨으로 주고 감사함으로 받으라.

욕망에 사로잡혀 한 면만 보면 괴로워하고 미워할 수밖에 없지만 사물의 전모를 보면 그렇게 '미워하거나 괴로워할 일이 아니다'라는 것을 알 수 있습니다. '미워하지 말라'가 아니라 '알고 보니 미워할 일이 아니네.' '용서해라'가 아니라 '알고 봤더니 잘못한 게 아니네.' 하고 알게 됩니다.

— 법륜스님 희망편지

희생은 위장된 분노입니다. 희생은 조금 주고 많이 받으려 합니다. 헌신은 주면서 이미 받았습니다. 배려 깊은 사랑은 주면서 이미 다 받았습니다.

— 사상가 최희수

세상이란 거울은
절대 먼저 웃지 않는다

손가락이 진짜로 향하고 있는 곳은?

"사랑은 아무것도 바꾸려 하지 않습니다. 사랑은 있는 모습 그대로 사랑합니다. 아무 기대 없이 함께 있어줍니다. 줬으니 갚으라고 하지 않아요. 아무런 조건을 걸지 않아요. 사랑이 오면 감사히 받고 관계의 축복을 누리세요. 사랑만 주고받는 관계를 얼마든지 맺으세요. 주는 기쁨을 누리고 받는 기쁨을 누리세요. 그 사람에게 돌려받지 못해도 하늘이 대신 갚아줍니다. 그러니 아쉬울 게 하나도 없지요."

이레의 말을 듣고 나니 주고받는 기준이 분명해진다. 사랑이냐 아니냐만 보면 된다.

"어떤 일이 일어났을 때 원인을 바깥에서 찾을 필요가 없어요. 원인은 내부에 있습니다. 사랑이 없는 결핍의 마음, 두려움의 마음이 원인이지요."

이레는 삿대질하듯 검지를 쳐든다.

"손가락질 할 때 손을 보세요. 손가락 하나는 밖을 향하지만 4개는 나를 가리킵니다. 진짜 원인은 바깥이 아니에요. 무의식 속 두려움입니다. 결핍의 씨앗이 열매 맺으면 삶이 힘들어집니다. 두려움이 커지면 제대로 볼 수 없고 자신의 감각을 믿을 수도 없게 됩니다. 스스로를 믿지 못하면 세상도 믿을 수 없게 됩니다. 온 세상이 적으로 보이고 세상에 믿을 놈 하나 없다고 생각하게 됩니다. 그것이 바로 스스로를 미워하며 내리는 형벌인 셈입니다. 그리고 그 믿음에 어울리는 현실을 창조합니다. 세상은 당신의 감정을 비춰주는 거울이니까요."

나를 사랑하면 온 세상도 나를 사랑한다

세상을 원망하던 나는 사실 스스로를 미워하며 벌주고 있었던 거구나! 눈물이 핑 돌고 가슴이 저릿하다. 이레는 내가 감정을 다 느낄 때까지 기다려준다. 시간이 지나고 마음이 진정되었을 때 다시 이레가 말했다.

"스윙월드 사람들을 보세요. 그들은 자신을 믿지도 사랑하지도 않아요. 자신을 사랑하지 않으니 세상도 날 사랑하지 않는다고 믿습니다. 자신을 의심하니 세상이나 다른 사람도 의심합니다. 자신을 못살게 구니까 세상이 나를 공격한다고 느낍니다. 불안해지고 걱정이 많아집니다. 오지도 않은 미래까지 끌어와 미리 염려합니다. 늘 시간에 쫓기고 과거가 후회되고 미래가 두렵습니다. 아직 오지도 않은 삶까지 짓밟습니다."

이건 분명 내 얘기다. 견고하다고 믿었던 믿음이 실제로는 물컹물컹 곧 허물어질 허상이었다. 내 안에 허상의 도시가 무너지고 있다.

그때 갑자기 머릿속에서 온갖 소리가 들려오기 시작한다. 지긋지긋하게 들었던 그놈의 프로그램 목소리다.

"떠드는 목소리를 그저 바라보세요." 이레의 소리가 멀리서 들린다. "지금 그 머릿속 생각은 당신의 것인가요? 프로그램의 것인가요? 그 생각은 진실한가요? 그 생각은 당신을 살리나요?"

정신이 번쩍 든다. 진짜 나의 마음에는 평화, 얼굴에는 미소가 있다. 진짜 나는 있음과 감사다.

50억 수표랑
100억 현금 받으실래요?

두려움이라는 대기실에서 나오라

"프로그램의 소리를 들을 때 마음이 흔들리고 의심이 들고 몸이 굳어지는 것은 자연스러운 일이에요. 그러나 걱정하지 말아요. 에고가 떠들 땐 호흡을 깊게 하세요. 무작정 끌려가면 호흡을 흐트리게 됩니다. 올라오는 감정을 있는 그대로 바라보세요. 내 안의 상처 입은 감정을 우는 아기라 생각하고 사랑으로 바라봐주세요. 안아주고 함께 울고 화내주세요. 감정을 누르지 않고 내 몸을 통해 전부 느껴주면 어느새 아기는 웃으며 신의 품으로 가고 에고는 잠잠해집니다. 용기를 내세요. 다 잘되고 있어요."

"그동안 나는 스스로를 믿지 못하고 세상을 두려워했어요. 그 결과 두렵고 궁핍한 현실을 창조했죠. 이제 달라지고 싶어요."

"두려움은 사랑을 기다리는 대기실이에요. 준비되었으니 이제 사랑의 무대로 나오세요. 당신은 사랑받을 자격이 충분합니다. 변화된 의식이 새로운 역사를 만드는 것을 기꺼이 허용하면 됩니다."

나는 온 우주가 사랑하는 작은 아이다. 스윙월드라는 두려움의 대기실에서 기다리던 어린아이다. 이제 축복의 문을 열고 사랑의 방으로 들어가면 된다. 사랑의 방은 축복이 넘치는 곳이다. 그러니 계속 스윙월드에서 걱정하며 불안해할 필요가 없다. 생각을 바꾸니 마음이 편해졌다.

자연스러운 축복을 그대로 받아들이라

"당신은 이제껏 가지면 안 된다는 생각과 자격이 없다는 마음을 갖고 있었어요. 죄책감 때문에 눈이 가려지면 받는 게 어려워집니다. 축복의 문이 있어도 그냥 지나칩니다."

"아니에요. 난 돈을 좋아하고 풍요를 갈망했어요." 눈앞으로 과거가 스쳐지나간다. 자린고비처럼 돈을 모으던 모습, 태어나 처음 통장에 1천만 원이라는 숫자가 찍혀 날듯 기뻐하던 모습, 가족에게 돈을 빌려주고 고맙단 소리도 듣지 못하던 모습, 돈 돌려달란 얘기를 꺼냈다가 혼나던 모습, 공돈이 생기면 죄책감부터 들었던 기억들, 봉사나 기부를 열심히 하는 나를 왜 신은 도와주지 않나 원망하던 모습….

"난 돈이 좋아요. 다 갖고 싶어요. 돈 없으면 안 돼요. 정말 필요해요!" 맘껏 소리 질렀다.

이레가 조용히 손을 들어 허공을 가리켰다. 무심코 하늘을 바라보다 동공이 커진다. 이게 웬일이야? 돈이 막 날아온다. 만 원짜리 오만 원짜리가 잔뜩! 껑충껑충 뛰어 돈을 잡아서 주머니에 넣었다. 그런데 점점 더 많이 온다! 수표도 있네?

하나를 잡아 거기 찍힌 숫자를 세어본다. 일십백천만십만백만천만…. 억! 1억이다! 또 날아온다. 이번에도 잡아서 숫자를 세어본다. 5억? 아니 5,000,000,000… 으악! 50억짜리 수표다. 깜짝 놀라 허우적대다가 손가락 힘이 빠져 수표를 놓쳤다. 이게 웬일이야!

이레가 내가 놓친 수표를 잡아서 다시 내 손위에 올려주었다. 그리고 눈앞에 내가 부러워하던 강남 아파트 한 채를 보여주었다.

"당신이 그렇게나 살고 싶어 하던 곳이에요. 한강이 다 보이는 멋진 아파트! 그 50억으로 이걸 사면 어때요?"

무리다. "에이 아니에요. 내 주제에 어떻게 그런 집을. 안 돼요."

"그냥 받는 게 부담스러우면 대출해드릴게요. 100억을 0.1퍼센트 초저금리로 어때요?"

좋은 걸까 나쁜 걸까? 무슨 천사가 대출을 해줘? 순간 멍해져서 답을 할 수 없다. 100억에 0.1퍼센트면 월 이자가 얼마야? 계산도 안 된다.

"연 이자가 천만 원이니까 월 이자는 833,333원입니다. 100억을 투자하면 수익률이 적어도 2~3퍼센트는 되겠죠. 2퍼센트만 잡아도 연 수익이 2억이니까 이자를 내고도 1억 9천만 원이 남아요."

우주의 좋은 것이
다 당신에게 몰려온다

줘도 못 받는 진짜 이유

수표가 눈앞에서 오락가락 한 이후 이레의 말이 제대로 들리질 않는다. 1억 9천이면 팽팽 놀아도 한 달에 천오백? 그러다 삐끗해서 원금이 날아가면? 그런 큰돈을 내가 어떻게 감당해? 두려운 생각만 든다.

"아… 생각만 해도 속이 울렁거려요."

"왜요? 당신이 원하는 대로 돈이 많아지는 건데요?" 이레가 눈썹을 치켜 올린다.

"갑자기 금리가 오르면 어떡해요? 사기라도 당하면요."

"그럼 50억 아파트를 그냥 주는 건 어때요?"

잠시 망설인다. 물론 좋다. 그러나 불편하다. 부담스럽다. "그런 아파트는 관리비도 어마어마할 거예요. 세금은 또 어떻게 감당해요? 생활수준도 맞춰야죠. 애들 옷, 차, 가구, 그릇까지 우리 껀 다 가난이 주룩주룩한데…." 괜히 따돌림이나 당하기 십상이다.

우리만 좋은 아파트 산다고 친척이나 친구들은 또 얼마나 손가락질 할까? 송충이는 솔잎을 먹어야지. 그런 곳에 살다가 괜히 강도나 당하지…. 오만 생각이 벌떼처럼 윙윙거린다. 소란스럽고 정신없고 두렵고 혼란스럽다. 머릿속이 전쟁터다. 눈을 질끈 감는다. 무섭다.

"하루, 눈 떠봐요." 이레가 미소를 머금으며 말했다. "아직 아파트가 생긴 것도 아니잖아요. 당신은 습관적으로 두려움을 끌어오고 있어요. 멈추세요. 더 이상 끌어오지 말아요. 천천히 심호흡하면서 지금의 생각감정을 그냥 잘 들여다보세요." 이레가 나를 진정시켰다.

그렇다! 나는 습관적으로 두려움 끌어오기를 하고 있다.

"오지도 않은 미래의 걱정까지 끌어와서 스스로를 벌주지 말아요. 내일 걱정은 내일이 하도록 두세요. 그날 고생은 그날로 충분합니다. 걱정하지 말아요. 두려워하지 말아요. 내가 늘 함께 있어요."

부자가 될 마음부터 먼저 가져라

"당신은 처음 날 만났을 때부터 부자가 되고 돈이 많으면 좋겠다고 했어요. 의식으론 돈을 원한다고 말했죠. 그런데 정작 무의식에선 돈을 밀어내고 있군요."

이레는 내 상태를 정확하게 짚어냈다. 바로 이거다. 나를 풍요로부터 멀어지게 한 이유. 나의 무의식은 돈을 두려워한다! 나는 겉으론 돈을 원한다고 말했지만 속으론 두려움이 가득했다. 갑자기 돈에 대한 모든 기억들이 떠올랐다. 돈 없는 서러움, 가난해서 겪었던 불편, 나는 할 수 없다는 열등감, 존재에 대한 수치스러움, 부모님에 대한 원망과 미래에 대한 두려움의 기억들이 홍수 나듯 터져 나왔다. 이 거대한 감정을 억누르자니 죽겠고 터트리자니 두렵다. 온 세상 사람들이 내게 손가락질할 것 같다. 그때 이레의 목소리가 들린다.

"혼자서 얼마나 힘들었을까? 이제 저와 함께 아픔을 나눠요. 마음의 문을 열어요. 나는 당신의 이야기를 듣기 위해 태어난 존재입니다."

이 말을 듣자 안심이 되었다. 나는 아무에게도 털어놓을 수 없었던 아픔들을 이레 앞에서 모두 털어놓았다. 분노가 너무 커서 이걸 다 표현하면 온몸의 핏줄이 다 터질 수도 있다는 생각이 들 정도였다. 그러나 표현하기로 선택했다. 그러자 꾹꾹 눌려진 아픔들이 수문이 열리듯 터져 나왔다. 순간 감정에 몰입되면서 분노의 감정이 산이 쩌렁쩌렁 울리도록 터져나왔다. 내 아픔뿐 아니라 부모님의 아픔, 오빠의 입장도 전부 떠올리며 분노했다. 목청이 터지도록 한참 분노를 풀어내다 어느 순간 슬픔이 몰려왔다. 다 풀어내지 못한 감정들은 짐승의 울부짖음처럼 터져 나왔다.

"아픈 감정이 몸을 통과해 빠져나갔어요. 이제 드디어 깊은 숨을 쉴 수 있겠어요. 혼자 그 많은 감정을 억누르고 괜찮은 척하느라 힘들었지요. 이제 걱정 말아요. 폭풍이 다 지나갔어요. 당신은 감정을 겪음으로써 스윙월드를 빠져나왔어요."

이레의 말은 과연 사실이다. 내 마음이 어찌나 맑아졌는지 표현할 길이 없다. 또한 코와 목으로 얕은 호흡만 하던 내가 어느 새 아주 깊은 숨을 쉬게 되었다. 숨을 들이쉴 때 배가 불룩하게 나오고 내쉴 때 배가 들어가는 숨이다. 피톤치드 가득한 숲에서 크게 숨을 들이마시는 것 같은 호흡을 하고 있다. 평온하다.

"정말 몰랐어요. 나는 큰돈과 인연이 없다고 생각해왔어요. 그런 생각에 사로잡혀서 기회가 와도 잡을 용기가 없고 두려워만 해요. 그러면서도 계속 돈에 집착하고…. 정신이 나간 걸까요?"

"스윙월드에 붙잡혀 있기 때문이에요. 당신은 프로그램의 말을 의심 없이 믿었어요. 그네 위에 매달려 열심히 밤낮없이 한쪽 끝에 도달했어요. 그런데 다시 반대로 가요. 골은 넣지 못하고 양쪽 골문만 왔다 갔다 하는 거예요. 고달프지만 큰 변화는 없어요."

"코끼리 등에 기를 쓰고 매달려 있던 게 바로 나였어요. 이젠 정말이지 거기서 나오고 싶어요."

"스윙의 한쪽 끝이 가난이고 다른 끝이 부유함일 수도 있어요.
저쪽이 좋아 보이고 이쪽은 나빠 보이죠. 왔다 갔다 하느라 정신이
없어져 내가 어디로 가고 있는지도 모릅니다. 그러니까 좋다 나쁘
다는 구분을 먼저 내려놓으세요. 그러면 신의 움직임을 제한하지
않게 됩니다. 신과 싸우지 않게 됩니다. 그때 우주의 모든 가능성
이 열립니다."

"그렇지만 가난은 싫어요. 혼자도 싫고요."

삶은 예측불가하기 때문에 아름답다

"재미있는 얘기를 해볼까요? 그네 탈 때 앞으로 갈 때는 웃다가
뒤로 갈 때는 우는 사람이 있어요." 이레가 말했다.

"그건 미친 사람이죠. 재밌으면 다 똑같이 재밌어야지."

"스윙월드에선 다들 그렇게 해요. 앞으로 가는 건 잘사는 거라
고 좋아하고 뒤로 가는 건 잘못되는 거라고 엉엉 울어요. 인간의
관점에선 앞으로 가는 건 +, 뒤로 가는 건 -니까요. 하지만 우주의
시각에선 전부 즐거운 놀이입니다. 우주의 관점에서는 앞으로 가
는 것도 +, 뒤로 가는 것도 +에요. 당신의 모든 삶은 버릴 것 없는
플러스입니다. 모든 순간이 소중한 당신의 삶입니다. 한 순간도 버
릴 것이 없어요. 어떤 일을 겪든 당신의 본질은 파괴될 수 없습니
다. 당신은 신의 형상으로 지어졌으니까요."

인생의 모든 순간이 아름답다. 심지어 스윙월드에서조차 그렇다.

"어떤 경험이든 다 플러스가 되기 때문에 버릴 게 하나도 없어요. 어떤 일이 일어나도 당황할 필요가 없어요. 신의 계획은 완전하고 다 계획대로 되고 있으니까 의심하거나 두려워할 필요도 없어요. 당신은 신의 날개 안에서 보호받는 소중한 존재입니다. 당신이 걷는 모든 길의 이름은 성장입니다. 우주의 모든 좋은 것이 다 당신에게 가고 있어요. 더 좋은 게 오고 있어요. 당신은 반드시 잘될 수밖에 없는 사람이에요."

내가 잘 될 수밖에 없는 사람이라고? 가슴이 뛴다.

"신의 시선으로 보면 좋음과 나쁨, 기쁨과 슬픔, 모자람과 넘침, 무능함과 유능함이 모두 다 좋습니다. 해가 뜨면 해가 떠서 좋고 달이 뜨면 달이 떠서 좋고 비가 오면 비가 와서 좋지요. 꽃들은 모두 고유하게 아름다울 뿐 서로 순위를 다투지 않습니다. 스윙월드 때문에 당신을 한계 지을 필요가 없습니다. 때가 되면 스윙월드는 거품처럼 사라집니다. 성공한 경험은 추억으로, 실패한 경험은 삶의 교훈으로 간직됩니다. 지나고 보면 모든 순간이 다 소중한 당신의 인생이라는 것을 알게 됩니다. 매일이 새로운 출발이 됩니다."

모든 삶은 버릴 것 없는 플러스다. 위로가 되는 말이다. 내가 하는 모든 경험이 나를 더 좋은 방향으로 이끈다. 두렵거나 미워할 사람도 없다. 그들 모두 나의 마음을 비춰주는 거울일 뿐이다. 남들보다 속도가 느리다고 비교하고 실망할 필요가 없다. 어떤 일이 생겨도 일희일비하지 않게 된다. 신의 도움 안에서 결국 다 잘 될 것이라고 믿는 넉넉한 마음만 남는다. 불필요한 모든 생각감정이 사라지고 사랑만 남는다.

어떤 경험이든 다 플러스가 된다. 이 세상 그 어떤 경험도 버릴 것이 없다. 어떤 일이 일어나도 다 괜찮다. 신의 계획은 완전하다. 모든 것은 순조롭게 잘되고 있다. 삶을 즐겨라. 당신은 신의 날개 안에서 보호받는 소중한 존재다. 당신이 걷는 모든 길의 이름은 성장이다.

우리는 신과 분리되어 있지 않다. 그러므로 사랑의 길은 결국 나를 향하는 것이다.

— 라마나 마하리시, 《있는 그대로》

다가오는 운과 복을
더 잘 담으려면

낡은 생각감정이 모두 죽던 날

"아무에게도 말하지 못한 이야기들 있죠?" 이레는 덤덤하게 물었다.

가슴이 철렁 내려앉는다. 그렇다! 돌아가신 어머니, 어머니를 죽인 음주운전자, 원망스런 아버지, 밉고 안쓰러운 오빠, 부족한 나, 미안하기만 한 우리 아이들…. 머릿속이 복잡해진다.

"금세 무거운 생각감정들로 가득 찼네요. 당신이 보내는 감정이 온몸으로 느껴집니다." 이레는 내 마음을 다 들여다보는 것처럼 말했다.

"자유로워지고 싶어요."

"자신의 것이라고 여겼던 모든 생각감정을 놓아보세요. 육신까지 모두 놓아보세요. 그러면 육에 달라붙은 생각감정이 떨어져 분리될 수 있어요. 죽은 뒤에 당신은 과연 지금처럼 과거를 후회하고 미래를 두려워할까요?

"죽음 체험 해보실래요?" 뜬금없는 제안에 눈이 휘둥그레진다.

"실제가 아니라 꿈꾸듯 죽음을 체험해보는 거예요.〈크리스마스 캐럴〉의 스크루지 영감처럼."

"그게 가능해요? 실제론 죽지 않는 거죠?" 원 참. 천사를 또 의심하고 있다.

이레는 말없이 손을 내민다. 두렵지만 나는 손을 잡는다.

어느덧 이레와 함께 하늘을 날고 있다. 우리 집 앞이다. 멀리 차를 몰고 있는 내 모습이 보인다. 갑자기 차도로 튀어나온 어린애를 피하려고 핸들을 꺾으며 옹벽을 들이받는다. 운전석 쪽이 찌그러지면서 밀려든 차체에 장기가 찔려 순식간에 죽음을 맞는다. 살이 찢기고 뼈가 으스러졌다. 숨 쉬는 것이 너무 어렵다. 죽어가고 있다. 엄마도 이렇게 죽었구나. 얼마나 아프고 힘들었을까?

어느 덧 내 영혼은 하늘로 떠올라서 죽은 나를 바라본다. 이상하게 마음이 편안하다. 주마등처럼 지구에서의 삶이 흘러간다. 탄생부터 모든 삶이 영화 필름처럼 스쳐간다. 멀리서 따스한 빛이 나를 부른다. 본능적으로 그쪽으로 향하려다 문득 마지막으로 가족들 얼굴이 보고 싶다는 생각이 들었다.

수년간 남편과 나는 제대로 된 대화를 하지 못했다. 내가 어떤 생각을 하며 사는지 그가 어떤 마음으로 사는지 서로 몰랐다. 아이들에게 사랑한다는 말도 제대로 못했다. 이대로 이별할 순 없다.

남는 것은 오로지 커다란 사랑뿐

남편을 떠올렸더니 곧바로 남편 일터에 도착했다. 생각이 미치는 즉시 그곳으로 이동한다. 영혼이 된 나에게는 아무런 장벽이 없다.

남편은 이제 막 전화로 나의 죽음을 통보 받았다. 오열하는 그의 얼굴을 쓰다듬으며 마지막 말을 남긴다. "여보 나 죽었어. 그동안 사랑한단 말도 제대로 못했네. 우리 애들 잘 부탁해. 미안해." 계속 눈물이 흐른다. 남편에게 감사와 사랑만 남기고 떠난다.

이번엔 아이들을 보러 날아갔다. 나의 죽음을 모르는 아이들은 어린이집에서 천진난만하게 놀고 있다. 두 팔을 벌려 안으려 하지만 되질 않는다. 머리카락을 쓰다듬고 얼굴을 만지고 싶지만 아무것도 할 수 없다. 일그러진 얼굴로 아이들에게 마지막 말을 남긴다. "애들아, 엄마 죽었어. 엄마가 더 같이 있어주지 못해서 미안해. 더 많이 안아주고 사랑한다고 말해줄걸. 아빠 말씀 잘 듣고 밥 잘 챙겨먹고 씩씩하게 지내. 엄마가 늘 하늘에서 지켜볼게. 아무 걱정하지 마. 엄마가 없어도 너넨 잘할 거야. 사랑한다. 사랑해. 사랑해."

"이제 떠날 시간이에요." 이레가 말한다.

"이대로 가고 싶지 않아요. 후회되는 것투성이에요. 사랑한다는 말 한번 제대로 못했어요. 잘 안아주지도 않았고요. 별 거 아닌 일로 화를 냈어요. 못해준 게 너무 많아요." 계속 눈물을 흘리며 내가 말했다.

"당신은 최선을 다해 살았어요. 당신은 지금까지 겪어야 할 모든 경험의 문을 통과했어요. 그 경험을 통해 당신은 지혜로워지고 성장했습니다." 이레의 말이 끝나자 배경이 바뀐다. 장례식장이다. 내 장례식이구나.

검은 상복을 입은 남편과 아이들이 있다. 아이들은 휴대폰으로 어린이 만화를 보며 놀고 있다. 아이들은 엄마가 죽었다는 것을 알까? 제발 몰랐으면 좋겠다. 남편 얼굴이 말이 아니다. 눈가가 시커멓다. 피부도 머리도 모두 푸석푸석하다. 여보! 먼저 가서 미안해.

조문객은 많지 않다. 직속상관이던 박 부장과 동료들이 보인다. 온갖 일을 떠맡기던 상사다. 그는 빠른 걸음으로 조의금 봉투를 내고 육개장을 게걸스레 먹는다. 눈물은커녕 침울해보이지도 않는다. 후배들과 담배를 피우며 한마디 한다. "왜 이렇게 빨리 죽었대?"

"그러니까요. 괜히 일 떠맡아서 야근하긴 싫은데."

"일은 참 잘했는데. 앞으론 누굴 시키나? 아쉽게 됐네."

마음이 서늘해졌다. 잘 보이려고 얼마나 버둥대며 애를 썼는데 결과가 이거라니. 저 사람들 비위 맞추느라 노력할 시간에 우리 애들 한 번 더 봐줄 걸. 왜 그렇게 죽자고 일만 한 걸까. 아쉬움이 들었다.

"자 이제 떠날 시간입니다. 마지막 작별인사를 하세요." 이레가 재촉한다.

안 된다. 떠나고 싶지 않다. 아이들과 남편이 눈에 밟힌다. 작고 귀여운 아이들에게 왜 그리 모질게 굴었을까? 사랑만 하기에도 모자란 시간에 왜 집이 없어 불행하다 돈이 모자라다 안달복달 했을까? 이젠 돌봐주고 아껴주고 싶어도 그럴 수 없다.

크고 따스한 에너지가 나를 감싸는 것이 느껴진다. 나는 점점 높이 떠오르고 있다. 장례식장이 멀리 보이고 마을이 멀어진다. 내가 살던 도시, 우리나라, 태평양이 보이더니 어느새 푸른 지구가 내려다보인다. 여기서 내려다보니 이상하다. 방금 전까지 내가 살던 별이다. 더 넓은 우주로 나아간다. 지구가 아주 작은 점처럼 보이다가 그마저도 보이지 않는다.

살았을 때 내가 중요하다고 여겼던 모든 것이 아무것도 아닌 것처럼 느껴진다. 다 끝났구나! 왜인지 모르게 계속 눈물이 흐른다. 불안하거나 걱정되어서가 아니다. 진짜 내 집으로 돌아가는 느낌이 주는 안도 때문이다. 마음이 가볍고 평화롭다. 나는 큰 흐름에 나를 맡긴다.

내가 온 곳으로 다시 돌아가다

거대한 빛과 에너지가 있다. 거대하게 느껴지는 영혼의 바다가 빛에 둘러싸여 반짝이고 있다. 바다 속에는 태초부터 저장된 우주의 모든 지혜와 지식이 모여 있다. 거기엔 내 영혼이 만드는 작은 물방울도 있다.

이레의 생각이 내게 전달되었다. "각각의 물방울은 작지만 위대합니다. 각기 다른 고유한 경험과 정보를 품고 있지요. 하나의 물방울 안에 바다가 있고 바다 안에 물방울이 있습니다. 물방울이 바다이고 바다가 물방울입니다. 오직 당신만이 경험할 수 있는 세상이 있습니다. 누구의 삶도 같은 것은 없지요. 오직 당신을 통해서만 우주가 배울 수 있는 신의 모습이 있습니다. 당신은 신의 눈동자입니다. 신은 당신을 통해 세상을 보고 느낍니다. 당신으로 인해 세상은 더 풍요로워지고 다양해집니다. 당신은 무엇과도 비교할 필요가 없는 고유하고 귀한 존재입니다."

오직 나를 통해서만 경험하고 배울 수 있는 신의 모습이 있다! 정말 감동적인 말이다. 우리 모두 꼭 필요한 존재다. 저마다를 통해서만 경험할 수 있는 세상의 모습이 있다. 내 삶은 우주의 지혜 창고에 귀한 데이터로 저장된다.

몸에서 빠져나와 만난 세상은 빛으로 가득하다. 모두가 빛나고 있다. 세상에는 잘난 사람, 못난 사람, 보통 사람이 있지만 여기선 모두 하나일 뿐이다. 모두가 빛나는 바다의 부분이자 전체다. 나 역시 빛이다. 그제야 이레가 했던 말을 온 존재로 느낄 수 있다.

나는 빛이다. 그것을 알지 못할 때조차 나는 빛 그 자체였다. 스윙월드에 머물렀을 때조차 빛은 이미 내 안에 있었다. 빛은 단 한 번도 나를 떠난 적이 없다!

나는 빛의 바다다. 나는 스윙월드를 넘어 제자리로 돌아간다. 산과 싸우며 걷지 않고 산을 다 내려온 뒤 만날 기쁨을 미리 느끼며 산을 넘는다.

감사와 행복으로 그곳에 갈 수 있다

"스윙월드를 벗어나는 때는 사람마다 달라요. 어떤 이는 평생, 어떤 이는 몇 년이 걸리지만 어떤 이는 찰나에도 가능합니다."

"왜 그렇게 차이가 나죠?"

"각 영혼이 체험한 삶의 빛이 다르기 때문입니다. 각 영혼은 모두 고유한 경험을 통해 배웁니다. 육신을 입고 태어나 한 경험과 주변의 영향, 사회문화적 배경과 의식수준이 모두 다르지요. 그러나 깨달음은 누구에게나 열려 있습니다. 빈부격차, 사회적 지위, 국적, 성별에 관계없이 깨닫는 순간 스윙월드는 사라지고 사랑만 남게 됩니다."

"무엇을 깨달으면 될까요?"

"자신의 존재를 깨달으면 됩니다. 자신과 감정이 하나가 아니라는 사실을 알고 분리하는 것으로 시작합니다. 기쁨, 슬픔, 분노,

두려움을 모두 다 내려놓습니다. 그러면 자신이 빛이란 것을 알아차리는 순간이 와요. 그 순간 안에서 저절로 사랑이 흘러넘칩니다. 사랑은 두려움을 밀어냅니다. 마음속 아무런 장애물이 없으면 두려움 때문에 쌓아뒀던 방어벽이 무너집니다. 다가오는 운과 복을 잘 담을 수 있게 됩니다."

그렇게 된다면 세상 어디서 어떤 모습으로 살아도 잘 살 수 있다. 언제 어디서든 기쁘고 행복하게 살 수 있다.

세계 최고의 부자와 만나는 경험

"여기에는 당신이 원하는 걸 실제로 가져본 영혼들이 많아요. 그중 한 분과 대화해보는 건 어때요?"

이레의 권유에 따라 만나고 싶은 분을 정했다. 내가 상상도 못할 부를 가졌던 자수성가한 부자다. 어렸을 때에는 허드렛일을 하던 노동자로 시작해 나중에는 크게 성공하고 존경 받는 인물이 되었다.

"어서 오세요. 무엇이 궁금한가요?" 성공자와는 말이 아니라 진동을 통한 메시지로 의사소통한다.

"전 평생 쉼 없이 일했는데도 늘 부족하게 살았어요. 절약이라면 이골이 날 정도였죠. 저한텐 왜 돈이 생기지 않았을까요? 조언을 좀 해주세요."

"어렸을 때부터 돈 때문에 고생했군요. 당신이 경험했을 슬픔이 느껴집니다. 얼마나 힘들었을지…." 따뜻한 진동으로 치유의 에너지가 전해진다. "쉬지 않고 일해도 집 한 채 살 수 없다고 믿었으니 참 허무했을 거예요."

"믿은 게 아니라 실제 그랬어요."

"믿음이 현실을 만든 것입니다. 거울은 맑고 투명해야 잘 보입니다. 거울이 깨져 있고 오물로 덮여 있으면 아무도 그걸 보지 않아요. 마음 깊은 곳의 거울이 맑고 깨끗하고 사랑으로 충만해야 해요. 3가지를 기억하세요." 성공자는 확신에 차서 말을 이었다.

"첫째, 나는 소중한 존재임을 기억하세요. 이것만이 유일한 진실이에요. 소중한 존재한테 정말 필요한 걸 주세요. 진짜로 원하는 게 무엇인지 명확해야 합니다. 돈이 필요하다면 액수를 정확히 정하세요. 구체적이고 명확하게 원하는 걸 떠올리세요. 어떤 집에서 누구와 어떤 일을 하며 살지 차분히 상상으로 떠올리세요. 그 안에 감정을 실으세요. 완전히 빠져들어서 진짜 현실로 느껴질 때까지 몰입하세요." 성공자의 메시지에는 힘이 넘쳤다.

"둘째, 우주의 질서를 기억하고 그에 따라 행동하세요. 신은 공명정대합니다. 우주는 그분의 질서에서 벗어남이 없지요. 신의 때가 이르면 빛이 모든 것을 밝힙니다. 누구도 감출 수 없어요. 때로 신은 침묵하고 무심하고 냉정해보이기도 합니다. 하지만 그것조차 모두 신의 계획안에 있습니다. 신은 당신의 모든 것을 좋아하며 소중히 여깁니다. 두려워할 필요 없어요. 우주는 당신 편입니다.

먼저 감사하며 하고 싶은 일을 하세요. 기쁘고 행복하고 정신없이 빠지는 일을 하세요. 시행착오나 힘든 일이 생겨도 걱정하지 마세요. 과정 그 자체를 즐기세요. 실패할 수 없는 작은 계획을 세워 실행하세요. 성공하는 기쁨에 익숙해지세요. 그러면 돈의 그릇이 점차 넓어집니다. 원하는 것이 다 따라옵니다. 성취, 보람, 관계, 명예, 부… 모든 것이 다 당신에게 몰려옵니다. 끌려가던 삶에서 끌어당기는 삶으로 바뀌게 됩니다."

성공자는 계속 말을 이었다. "셋째, 선언문을 작성해 하루 2번 큰소리로 읽으세요. 당신이 온 우주의 축복을 받는 존재, 풍요 안에 있는 존재라고 강하게 느끼세요. 매일 감사와 있음을 찾으면서 행동하다보면 우주의 영감이 떠오릅니다. 미래를 예언하는 선언문을 작성하세요.

"어떻게 쓸까요? 나는 빚 없고 가난과 작별한 엄청난 부자다! 이런 식도 될까요?"

"부정적인 표현 대신 긍정적인 걸 쓰세요. 검색 사이트에서 정확한 정보를 찾는다고 상상해 보세요. 검색어가 명확해야 원하는 걸 바로 찾을 수 있어요. 그러니 원하는 걸 명확하고 구체적으로 적어야 합니다. 빚 없고 가난과 작별한 엄청난 부자라고 검색한다고 해보죠. 빚, 가난, 작별, 엄청난, 부자… 결과가 산만하게 나올 거예요. 그러니 성공, 사업, 행복, 여유, 풍요와 함께 긍정적이면서 구체적이고 명확한 표현을 쓰세요. 그 편이 상상하기도 좋아요."

나는 성공자의 조언에 힘입어 선언문을 작성해보았다. '나는 좋아하는 일로 편안하게 돈 버는 행복한 100억 자산가다!'

연관검색어도 정했다. 난 참 운이 좋아. 하는 일마다 잘된다. 신의 사랑을 받고 있지.… 검색어로 나오는 이미지들을 찾아서 그중에 제일 좋아하는 걸 골라 나만의 시각화자료를 만들었다. 이제 실제 돈이 내 눈앞에 있고 냄새가 나고 손으로 만져지도록 오감으로 느낀다. 돈을 만져보고 냄새도 맡아보고 상상에서 원하는 만큼 써본다. 그러면 새로운 문이 열리며 기회를 잘 포착하게 되고 망설임 없이 실천할 수 있다.

성공자가 말했다. "넷째, 감사와 있음 안에서 그냥 하세요. 성공하려면 우주의 힘이 필요합니다."

"우주의 힘이요?"

"생각엔 잡념이 따라옵니다. 될까 말까 의심하게 돼요. 그럴 땐 이렇게 하세요. 의심이 드는 날엔 의심하면서 합니다. 그러다보면 어느 순간 의심은 엷어지고 쉽게 할 수 있게 됩니다. 뭐든 정하면 꾸준히 그냥 하세요. 그러다보면 잡념은 사라지고 좋은 습관만 남습니다. 에고의 힘이 아니라 우주의 힘을 이용해야 합니다. 모든 성공엔 운이라 불리는 우주의 도움이 필요합니다. 우주의 도움을 불러오는 마중물은 있음과 감사 안에 있습니다. 먼저 감사하세요. 그리고 해야 할 일을 반복하세요. 반드시 기적이 찾아옵니다. 유명한 작곡가나 소설가들이 그러죠? 어느 날 갑자기 저절로 영감이 쏟아지고 손이 움직였다고. 우주의 도움을 받아 힘이 커진 것입니다. 처음엔 불안하고 막연하게 느껴질 수 있어요. 그래도 감사하며 아주 작게라도 꾸준히 실행하세요. 그러면 어느 순간 세상이 돌아가는 진짜 이치를 알게 됩니다. 모든 것이 다 당신을 위해 존재한다는 것을 느끼고 감사하게 됩니다."

완전한 자유, 행복한 삶에 이르는 길

성공자는 마지막으로 이렇게 말해주었다.

"결국 당신은 완전한 자유에 도달하게 됩니다. 경제적 자유, 시간적 자유, 정신적 자유, 영적 자유를 온전히 누리게 됩니다. 처음엔 에고의 힘으로 한다고 생각하겠지만 선언문이 현실이 된 순간 우주가 도왔다는 걸 알게 될 겁니다. 나 역시 이 방법으로 엄청난 부를 이뤘습니다. 내가 했으니 당신도 할 수 있습니다. 우리는 하나니까요."

"감사합니다." 나는 기쁨에 차 답했다. 나의 행복과 자유를 바라는 마음이 그대로 전해온다.

"목표를 글로 쓰고 입으로 읽는 것이 중요해요. 정보의 우주에 명확한 검색어를 입력해서 현실을 창조하세요. 우주에는 이미 당신이 원하는 것이 다 있어요. 주문하는 법에만 익숙해지면 됩니다. 당신이라는 텅 빈 공간에 생명의 숨결을 불어넣으세요. 당신의 삶을 예언하세요. 예언은 풍선에 공기를 불어넣는 것과 같아요. 당신이라는 풍선에 비난, 불평, 합리화 대신 부와 축복을 불어넣고 잘 묶어두세요. 당신의 믿음이 곧 당신의 현실이 됩니다."

"네, 그렇게 할게요. 고맙습니다."

가슴이 벅차올랐다. 우리의 대화가 마무리되었을 때 마치 올림픽 폐회식에서 울리는 축포처럼 우리를 둘러싼 영들의 기쁜 환호가 느껴졌다. 이곳엔 오직 기쁨과 나눔, 감사, 사랑, 평화만 존재한다. 세상에선 단 한 번도 맛본 적 없는 깊은 편안함이다.

대화 내내 옆에서 잔잔한 미소를 띠고 지켜보고 있던 이레가 말했다. "사랑은 영원합니다. 사랑은 절대 꺼지지 않고 마르지 않습니다. 목마르고 캄캄하다 느낄 필요가 없고 구걸하지 않아도 됩니다. 당신이 바로 거대한 사랑 그 자체니까요. 넘치는 사랑을 아무리 나눠줘도 줄어들지 않아요. 영원히 목마르지 않게 됩니다."

첫째, 나는 소중한 존재다. 이것만이 유일한 진실임을 알고 소중한 나에게 정말 필요한 것을 주어라.

둘째, 두려워할 필요 없다. 우주는 당신 편이다.

셋째, 선언문을 작성해 하루 2번 큰소리로 읽어라. 당신이 온 우주의 축복을 받는 존재, 풍요 안에 있는 존재라고 강하게 느껴라.

넷째, 감사와 있음 안에서 그냥 하라. 우주의 힘이 당신을 도울 것이다.

내 영혼이
완전히 자유로워지던 날

영혼의 고향에는 사랑하는 사람들이 있다

성공자와 대화를 마친 나는 깊은 평화 안에 잠겨 있다. 이렇게 마음 편히 쉬어본 것은 처음이다. 생명 에너지가 차오르고 무엇이든 해낼 수 있는 자신감이 생긴다.

그때 이레의 목소리가 들렸다. "이제 영혼의 고향에 도착할 거예요. 누가 마중 나와 있는지 보세요."

누군가가 보인다. 순간 눈물이 왈칵 쏟아진다. 엄마다. 아무 말 없이도 내 앞에 서 있는 존재가 엄마라는 것을 안다. 나는 펑펑 울기 시작했다. "엄마 왜 날 안 돌봐주고 아빠 눈치만 보며 살았어?

왜 먼저 갔어. 내가 얼마나 힘들었는지 알아? 아버지는 만날 술만 먹고 집은 개판이었어. 엄마 오빠가 완전 망나니로 살아. 나 너무 힘들었어. 아버지는 오빠가 나 때려도 야단도 안 쳤어. 내가 얼마나 힘들고 속상했는지 알아? 엄마. 엄마는 잘 지내는 거야? 엄마 진짜 보고 싶었어. 왜 내 꿈에 한 번도 안 나왔어? 오빠 꿈엔 나왔다면서? 엄마 왜 갔어. 나 결혼하고 애 기르는 거 보고 가지. 그렇게 가면 어떻게 해. 내가 얼마나 힘들게 살았는데. 나 애기 낳고 힘들 때 와서 미역국 좀 끓여주지.……" 마음속 모든 설움을 다 털어 낸다.

"미안해. 딸아 너무 미안해. 엄마가 잘못했어."

한참을 울다보니 어느새 마음이 편안해졌다. 그제야 엄마의 마음을 바라보게 되었다. 엄마는 내게 이렇게 말하고 있었다. "우리 딸 보고 싶었어. 엄마가 다 보고 있었단다. 내 딸 참 훌륭하게 잘 컸네. 미안해. 네 삶의 모든 순간에 함께 해주지 못해서 마음이 아팠어. 용서해다오. 먼저 떠나서 미안해. 부족한 엄마에게 와줘서 고마워. 엄마는 너 키우면서 많이 행복했단다. 이 행복이 돌고 돌아 너의 세상을 가득 채울 거야. 좋은 사람 만나서 넘치도록 사랑받고 사랑하며, 행복한 일만 가득할 거야."

엄마는 내가 필요로 하고 그리워하고 애틋해했던 모든 순간에 늘 함께 있어주었다고 말해주었다.

곧이어 아버지의 영혼도 느껴졌다. 아버지에게서도 커다란 에너지가 느껴진다. "아버지 이젠 아프지 않아? 아버지 가고 나서 내가 얼마나 고생했는지 알아? 오빠가 아버지 장례식에서 난동부리고 나 진짜 너무 힘들었다고. 아버지 왜 그렇게 살았어. 나 좀 봐주지. 왜 일만 하고 술만 먹고 나는 봐주지도 않았어. 그리고 왜 내가 필요하지도 않을 때 곰 인형 사줬어. 사달랄 땐 안 사주고 왜 머리 커서 좁아터진 고시원 살 때 그걸 사줘. 아버지가 날 봐주길 바랄 땐 늘 뒷모습만 보여줬잖아. 결혼할 때 다른 집처럼 돈 좀 대주지.……"

마음속에 숨겨둔 모든 감정들을 표현할 때마다 영은 점차 투명해지고 하나가 된다. "하루야 미안해. 정말 잘못했어. 아버지가 그땐 너무 몰랐다."

"그러니까 아버지는 사랑을 너무 몰랐어."

엄마 아버지는 파동을 보내 마음을 전했다. "미안하고 고마워. 우리 딸 가족들을 돌보느라 너무 고달프게 살았어. 엄마, 아버지가 해준 게 하나도 없네. 미안해. 그런데도 참 잘 커주었어."

"엄마 아버지 죽고 내가 얼마나 나를 미워하고 괴롭혔는지 몰라. 내가 좀 더 잘했으면 엄마 아버지가 살아계셨을까 후회하면서."

"이젠 그런 생각하지 마. 스스로를 미워하는 마음을 놓아버리렴. 그건 아무짝에도 쓸모가 없어. 우리는 죽음을 통해서 배웠어. 죽을 때 여기 가져올 수 있는 건 아무것도 없더라. 딱 하나만 가져올 수 있어. 바로 우리가 사랑했던 기억뿐이야. 다른 건 소용없더

라. 그러니 부디 딸아 사랑하며 사랑받으며 살렴. 그것 말고는 아무것도 중요하지 않아."

"엄마 아버지 나 오빠가 너무 미워. 오빠가 만날 화내고 욕하고 돈 빌려가고 안 줘. 나는 최선을 다해 잘하는데 오빠는 날 신경 쓰지도 않아. 나 때문에 엄마 아버지 사랑 뺏겼다고 자꾸 뭐라고 그래. 장례식장에선 부조금 내놓으라고 난리쳤어. 너무 속상해."

"많이 힘들었겠어. 얼마나 속상할까? 오빠가 잘못했네."

엄마는 나를 다독여준다. 그리고 내게 한 장의 사진을 보여준다. 임신한 엄마와 아버지의 사진이다. 엄마와 아버지는 절벽 양끝에 서서 서로를 등지고 있다. 위험해 보인다. "너를 임신했을 때의 우리 모습이야. 그때 엄마는 결혼생활이 힘들고 사는 게 싫었지. 아버지도 그랬고. 그래서 우리 영혼은 여기 이 위태로운 절벽 위에서 있었어."

"나는 어디 있어?"

"너는 엄마 뱃속에 있어. 잘 보면 보일 거야." 엄마 뱃속에 잔뜩 웅크리고 무서워하는 아기가 있다. 아이는 시퍼렇게 질려 숨도 제대로 쉬지 못한다. "내가 왜 이렇게 고통스러워 보여?"

"엄마가 그때 너무 힘들어서 널 지우려고 했었어. 그걸 네가 다 안 거야. 너무 미안해. 엄마가 그땐 몰라서 그랬어. 우리 예쁜 딸을 세상에나. 엄마가 너무 잘못했어."

나는 손을 들어 사진 속 엄마 뱃속을 만져본다. 심장소리가 들린다. 이게 내 심장소리구나. 나는 마음으로 태아가 된 나에게 말을 건넨다. "괜찮아 아가야. 많이 불안하고 힘들었구나. 엄마랑 아버지는 싸우고 엄마는 널 죽이려 하고 정말 고통스러웠겠다. 그래서 세상이 무섭고 두려웠구나. 아무 걱정하지 마. 너는 잘 자라서 멋진 어른이 된단다. 결혼도 하고 멋진 집에서 남편과 아기들과 함께 살아. 아무 걱정하지 마. 괜찮아. 내가 늘 곁에 있을게."

어느 새 엄마와 아버지도 내 곁에서 사진 속 태아를 바라보고 있다. 태아의 몸에서 긴장이 점차 풀려가며 핏기가 돈다. 다행이다. 아이가 살 소망이 생겼구나. 그제야 나는 숨을 크게 내쉬었다.

"그런데 오빠는 어디 있어?"

엄마는 눈물을 흘리며 절벽 아래를 가리킨다. 엄마의 양 발목을 23개월 된 어린 아기의 손이 간절히 붙잡은 채 절벽에 대롱대롱 매달려 있다. 세상에나! 그 아기는 바로 오빠다.

"엄마 아버지가 그때 너무 힘들어서 오빠를 제대로 돌보지 않았어. 오빠는 우리가 이혼하면 버려질까 두려워 힘들어했지. 엄마랑 아버지랑 싸우면 오빠는 늘 신발장 옆에 숨었어. 엄마가 자기 버리고 갈까봐 무서워서… 그 어린 것이."

"아버지는 부부 사이가 나빠진 게 오빠 때문이라고 생각했어. 엄마가 아이 낳고 기르면서 잘 쉬지 못해 힘든 게 당연한 건데 그땐 그걸 몰라서 다 오빠 때문이라고 생각해서 미워했거든. 정말 미안하게 생각해."

엄마의 발목에 매달린 어린아이를 보니 마음이 아팠다. 나는 평생 왜 오빠가 나를 사랑해주지 않나 원망했다. 그런데 이 모습을 보니 이해가 간다. 오빠 역시 사느냐 죽느냐 기로에 있던 어린아이였다. 딱하고 불쌍하다. 오빠가 왜 엄마가 죽고 난 뒤 망나니로 변했는지도 조금은 알 수 있었다. 자신의 전부였던 엄마가 떠나고 어찌할 줄 몰랐던 것이다.

엄마는 내게 편지 한 장을 보여주었다.

"우리는 네게 이 선물을 주고 싶었단다. 우리가 평생 네게 했던 모든 말들을 천국 번역기를 돌려 써둔 거야. 표현하는 법을 몰라서 그렇지 사실은 우린 평생 이 말을 하고 있었던 거란다."

편지가 눈앞에 펼쳐진다. 한 자 한 자 사랑을 담아 눌러쓴 어머니와 아버지의 글씨다.

엄마 아버지가 부족해서 우리 딸 아들 고생만 시키고 미안해.

사랑한다 내 딸 아들아.

엄마가 신경 써주지 않고 혼자 두고 차갑게 대해서 미안하다. 사랑한다.

아버지가 일만 하고 너에게 자주 화를 내서 미안하다. 어떻게 사랑하는지 몰라서 그랬어. 미안하다.

이 말을 자주 하지 못했지만 네가 자랑스럽다.

너는 참 잘하고 있단다.

앞으로도 나는 늘 널 자랑스러워할 거야.

너와 더 많은 시간을 보내지 못해 미안하다.

사랑한단 말을 많이 해주지 못해 정말 미안하다.

사랑하는 내 딸 아들아. 부디 좋은 것만 보고 들으며 행복하렴. 내 딸 아들은 충분히 행복할 자격이 있단다. 우리가 늘 널 응원하고 있다는 걸 기억하렴. 아무 걱정하지 마. 결국 사랑이 너의 세상을 가득 채울 거야.

어디선가 아름다운 노랫소리가 들린다. 이레와 수많은 천사들이 하나 되어 노래를 부르고 있다.

"사랑이 너의 세상을 가득 채울 거야.

온 우주의 복이 너의 세상을 가득 채울 거야.

아름다움이 너의 세상을 가득 채울 거야.

순수함이 너의 세상을 가득 채울 거야.

즐거움이 너의 세상을 가득 채울 거야.

흥겨움이 너의 세상을 가득 채울 거야.

고귀함이 너의 세상을 가득 채울 거야.

무지개가 너의 세상을 가득 채울 거야.

사랑이 너의 세상을 가득 채울 거야.

행복이 너의 세상을 가득 채울 거야.

기쁨이 너의 세상을 가득 채울 거야.

축복이 너의 세상을 가득 채울 거야.

희망이 너의 세상을 가득 채울 거야.

열정이 너의 세상을 가득 채울 거야.

건강이 너의 세상을 가득 채울 거야.

축복이 너의 세상을 가득 채울 거야.

우정이 너의 세상을 가득 채울 거야.

보람이 너의 세상을 가득 채울 거야.

맑음이 너의 세상을 가득 채울 거야.

나눔이 너의 세상을 가득 채울 거야.

하늘이 너의 세상을 가득 채울 거야.

햇빛이 너의 세상을 가득 채울 거야.

별빛이 너의 세상을 가득 채울 거야.

달빛이 너의 세상을 가득 채울 거야.

슬기가 너의 세상을 가득 채울 거야.

자유가 너의 세상을 가득 채울 거야.

인내가 너의 세상을 가득 채울 거야.

평화가 너의 세상을 가득 채울 거야.

감사가 너의 세상을 가득 채울 거야.

용기가 너의 세상을 가득 채울 거야.

풍요가 너의 세상을 가득 채울 거야.

꽃이 너의 세상을 가득 채울 거야.

빛이 너의 세상을 가득 채울 거야.

이 세상에 와줘서 고마워.

너는 사랑이야.

너는 빛이야."

"엄마. 고마워. 나 그 말이 너무 듣고 싶었어." 나는 살면서 끊임없이 사람들의 인정과 사랑을 구걸해왔다. 특히 엄마 또래의 어른들에게 사랑받고 인정받고 싶었다. 그 이유를 오늘 알았다. 일찍 세상을 떠난 엄마에게 받지 못한 사랑을 대신 받고 싶었던 것이다. 내가 그토록 많이 엄마를 기다렸구나. 이제 만났으니 너무 좋다. 영원히 헤어지지 말자.

"진작 많이 말해주지 못해서 미안해. 그땐 엄마가 몰랐어. 네가 이렇게 고귀하고 장엄하고 빛나는 존재라는 것도 모르고 무지해서 그랬어. 더 이상 눈치 보며 살지 마. 당당하게 어깨 펴고 살아. 너는 우주의 모든 것을 누리고 즐길 자격이 있단다. 아이들에 대해서도 걱정하지 마. 너는 정말 잘하고 있어. 누구도 너처럼 네 아이를 사랑할 순 없다는 걸 기억하렴. 너의 삶을 사랑하고 지구에서의 삶을 즐기렴. 사랑한다." 엄마가 말했다.

아버지도 말해주었다. "네 아버지여서 자랑스러웠다. 넌 뭘 해도 잘할 거야. 넘어지는 걸 두려워하지 말고 꿈에 다가가렴. 신이 널 위해 다 준비해두셨단다. 넌 그걸 누릴 충분한 자격이 있어. 자신을 믿고 한계 없는 삶을 살아."

후회와 두려움이 완전히 사라지고

엄마 아버지와 나의 영혼은 온전히 하나가 되어 충만해졌다. 우리를 지켜보며 응원하던 모든 영혼도 기꺼이 다가와 하나가 되었다. 이곳에는 너와 내가 없다. 시간이 모두 사라진 텅 빈 공간은 하나로 가득 찼다.

영혼의 고향에서 나는 거대한 빛 안에 있다. 이곳에는 두려움이나 아픔이나 슬픔이 없다. 보이고 느껴지는 모든 곳에 사랑만 가득하다.

"어떤 느낌이 들어요?" 이레가 물었다.

"행복해요. 모든 곳에 빛이 가득해요. 사랑이 아닌 건 하나도 없어요. 모든 영혼이 완전해요. 여기는 온전한 빛의 세상이에요. 치유의 힘이 가득해요. 모두가 선물이고 존재 자체로 사랑이에요."

이레는 내가 평화 안에 머물도록 충분히 기다려주었다. 평온하다. 시간이 얼마나 지난 줄도 모르겠다. 눈이 감긴다.

잠시 후 이레가 손에 든 종을 친다.

감은 눈을 뜨고 이레를 본다. "당신이 지구를 떠난 지 100년이 지났어요. 이제 지구에서 당신을 기억하는 사람은 아무도 없어요. 어때요? 마음속에 아직 걱정이 남아 있나요?"

"벌써 그렇게 됐어요? 걱정? 그게 뭐죠? 아무런 생각감정이 없네요. 심지어 별 기억도 없어요. 텅 비어 있어요. 그런데도 허전하지 않고 충만해요."

이상하다. 지구의 삶에서 나를 짓누르던 무게감과 부담감이 전혀 없다. 이곳에선 시공간이 모두 자유롭구나. 이레는 내 모습을 보고 빙그레 웃는다.

"당신이 편안해보여 좋아요." 이레는 손에 든 작은 종을 흔든다. 시공간이 또 바뀐다. "천년이 지났어요."

벌써 천년이 지나다니. "이제 당신을 기억하는 사람은 물론 당신이 기억하던 공간도 모두 사라졌어요. 어때요? 과거에 대한 후회나 미래에 대한 걱정이 남아 있나요?"

"아니요. 아무것도 없어요. 완전히 가볍고 비었어요. 텅 비어서 엄청 가볍네요. 그런데 신기해요. 평온하고 가볍지만 내 안의 에너지는 어느 때보다 강해요. 아무런 두려움이 없어요. 사랑만 보여요. 사랑만 들려요. 사랑이 넘쳐흘러요. 너무 많아서 마구 나눠주고 싶어요."

이레는 내 상태를 아주 잘 알고 있는 표정이다.

"텅 빈 공간에 가장 강한 힘이 담깁니다. 텅 빈 공간에 모든 것이 존재합니다. 숨길 것도 방어할 것도 두려워할 것도 없습니다."

나는 이레의 말이 무엇인지 온몸으로 느낀다. 앞으론 뭘 하든 잘할 것 같다는 생각이 든다.

"이제 어떻게 하고 싶어요. 여기 계속 있을래요? 아니면 다시 돌아갈래요?" 이레가 물었다.

나는 죽었다. 영혼의 고향에서 천년을 머물렀다. 이곳은 더할

나위 없이 좋다. 하지만 나는 돌아가고 싶다. 다시 새롭게 살아보고 싶다.

"예전의 나로 돌아갈래요. 그 모습 그대로 다시 시작하고 싶어요. 더 이상 인정받고 사랑받으려고 애쓸 필요가 없다는 걸 알았어요. 나를 사랑하고 돌보면서 살고 싶어요. 잘 살 수 있다는 자신감이 생겼어요. 하루를 살더라도 천국처럼 살래요. 내 가족들에게 이 사랑을 나누고 싶어요."

내 말이 끝나자마자 주위에서 지켜보던 영혼들이 나를 감싸 안고 축복을 불어넣어주었다. 부드럽고 뜨거운 황금빛이 내 안과 밖을 감싼다.

'나무처럼 높이 걸어라. 산처럼 강하게 살아라. 봄바람처럼 부드러워라. 네 심장에 여름날의 온기를 간직해라. 그러면 위대한 혼이 언제나 너와 함께 있으리라.'

영혼들의 노랫소리가 울려 퍼진다.

결국 사랑뿐이라는 말의 의미를 알게 되었다. 계속해서 눈물이 흐른다. 후회와 좌절의 눈물이 아니다. 기쁨과 환희, 감사의 눈물이다.

눈물을 닦는데 촉감이 느껴진다. 공기도 느껴진다. 천천히 눈을 떴다. 손이 보인다. 양손을 천천히 구부렸다 펴본다. 아! 내 손이다. 만질 수 있다.

지구로 돌아왔구나!

눈물이 고여 베개가 축축하다. 포근하고 충만한 느낌으로 잠에
서 깨어난다. 평생 못 잤던 잠을 한꺼번에 다 잔 것처럼 개운하다.
몸과 마음이 모두 충만해져서 뭐든 잘할 수 있을 것 같다.

창밖에는 동이 터오고 있다. 떠오르는 태양이 찬란하다. 일요일
오전 6시 30분. 미라클 리조트에서의 마지막 날이 시작되었다.

오늘 하나의 어려운 일을 참고 극복해냈다면
그 순간부터 그 사람은 강한 힘의 소유자다.
곤란과 장애물은 언제나 새로운 힘의 근원인 것이다.

_ 버틀란드 러셀

제6장

평생 행복한 부자로 사는
머니 시크릿

돈의 신에게서
원하는 걸 주문하는 법

뭘 하든 다 잘 될 거야!

나는 서둘러 남편에게 영상통화를 걸었다. 남편은 졸린 눈을 부비며 전화를 받는다. "웬일이야?"

"보고 싶어서." 비몽사몽이던 남편이 갑자기 멈칫 한다. "무슨 일이야 사고 쳤어?"

"아니야. 그냥 모두 보고 싶어서. 애들도 보여줘."

아이들은 이불을 둘둘 싸매고 잘 자고 있다. 아이들 모두 건강하구나. 감사하고 기쁘다. 오늘은 왠지 뭐든 다 잘 될 것 같은 날이다.

미라클 리조트에서의 마지막 날은 순식간에 지나갔다. 아침식사를 하면서 어제 대화를 나눴던 분들과 반갑게 인사했다. 첫날엔 무섭게만 느껴지던 사람들이 내 마음의 벽을 허무니 모두 좋은 사람으로 보인다. 어느새 내 무의식 세상이 안전해졌다는 것을 깨닫고 미소 짓는다.

같이 밥을 먹다가 좋은 회사에서 경력자를 구한다는 정보를 들었다. 사내에 어린이집이 있어 정말 좋다고 한다. 내가 가진 이력이 딱 맞는다며 적극 추천한다. 될 일은 된다는 말이 맞다. 내가 웃으니 내 거울에 비친 세상이 같이 웃어준다.

강의가 전부 끝나고 간단한 시험을 보았다. 노트에 적어두었던 내용에서 쏙쏙 문제가 출제됐다. 정말 쉽다고 생각하고 문제를 풀었는데 놀랍게도 내가 고득점자가 되었다. 강단에 불려나가 상장과 선물을 받았는데 부상이 무려 신형 노트북이다. 협회 회원사인 국내 최고 가전업체에서 제공한 상품이란다. 마침 노트북이 필요했는데 이렇게 선물을 받게 되다니! 일평생 이런 적이 없는데 믿기지가 않는다.

리조트를 떠나기 전에 이레와 만나고 거닐었던 장소들을 두루 둘러보았다. 이레의 모습은 어디에도 보이지 않는다. 그러나 눈을 감고 심호흡을 하면 이레의 존재가 느껴진다. 이레는 설령 잠시 모습을 보이지 않는다 해도 언제나 나와 함께 있겠다고 했다. 나는 그 말을 믿는다. 주위를 둘러보니 모든 사람들이 천사처럼 보인다.

아무런 기대 없이 온 이곳은 내게 진정한 의미의 '미라클 리조트'가 되었다. 나중에 내가 경험한 것을 잘 알려주고 남편과 아이들과도 꼭 다시 찾고 싶다. 그들도 자신만의 수호천사를 만날 수 있을 것이다.

리조트를 출발한 버스가 주요 지하철역에 사람들을 내려주었다. 우리 집에서 가장 가까운 곳을 택해 내리자마자 다시 남편에게 전화를 걸었다. 일요일 오후 나 없는 집을 청소하고 아이들에게 간식을 먹이고 있을 것이다. 사랑하는 남편, 아이들…. 얼마나 소중하고 고마운 존재인지 새삼 느껴진다.

연거푸 전화를 하니 남편이 뭔가 불안한가보다. "엥? 또? 별 일 없는 거 맞아?"

"응 아무 일 없이 잘 끝났어. 지금 지하철역에서 집으로 갈 거야. 그동안 고생 많았어. 고마워. 사랑해."

"어? 아… 어… 나도…." 남편이 어색한가보다. 한참 망설이다 말을 잇는다. "빨리 와. 내가 집안 청소랑 빨래랑 다 해놨어. 애들도 당신 보고 싶대. 나도 당신 보고 싶어."

남편의 목소리를 들으며 눈물이 핑 돈다. 그래 이러려고 내가 다시 지구에 왔구나! 살며 사랑하며 배우려고….

집으로 가는 길에 보이는 모든 것이 다 아름답게 느껴졌다. 길가에 핀 잡초와 이름 모를 꽃들, 길고양이와 도랑의 물고기도 모두 아름답다. 눈이 부시다. 심지어 길가에 아무렇게나 널브러져 있는

개똥과 쓰레기들, 담배 피는 사람까지도 반갑게 느껴진다. 이전에 갖고 있던 머릿속 모든 생각과 기준이 다 지워진 느낌이었다. 관점이 달라졌다. 관념의 벽이 사라지고 흑과 백이 없어졌다. 마음의 필터가 맑고 투명해졌다.

집이 점점 가까워진다. 엘리베이터에서 내려 현관 앞에 섰다. 빠르게 비밀번호를 누르고 문을 연다. 3살 둘째가 알몸으로 뛰어나와 방방 뛰며 안긴다. 곧이어 바지만 입은 5살 첫째도 달려와 앵두 같은 작은 입술로 뽀뽀를 퍼붓는다. 머릿속이 멍할 정도로 감동적이다. 아이를 낳고 처음 안았을 때의 기쁨이 몰려온다. 우리는 한참 껴안고 만지고 얼굴을 비빈다. 살아있길 잘했어! 온몸에 에너지가 가득 차오른다.

남편은 그 모습을 보며 배시시 웃는다. "누가 보면 죽었다 살아난 줄 알겠어."

"응. 나 죽었다 살아났어. 당신하고 애들 보려고 다시 왔지."

나는 미소 짓는다. 얼마나 고마운 순간인가? 죽음 체험을 하기 전에는 내가 아이들을 돌보는 줄 알았다. 이제 보니 아이들이 큰 사랑으로 나를 돌보고 있었다. 우리가 가족의 인연으로 만나 이렇게 사랑할 수 있다니 얼마나 큰 축복인가! 나는 이 순간의 모든 것을 오감의 기억과 함께 한 장의 이미지로 마음속에 저장했다. 감사할 일뿐이다.

인생을 내가 그리고 싶은 대로

이전의 나는 두려움이 많았다. 그런데 이젠 다르다. 미라클 리조트에서 이레와 함께 산전수전, 공중전, 우주전, 미래전까지 다 경험한 덕이다. 이제 웬만한 게 다 괜찮고 다 좋다. 예전에는 실수하면 후회하고 오래 곱씹으며 괴로워했다. 하지만 이젠 모든 경험이 다 플러스라는 것을 알기에 편안하다. 이전엔 시키는 일만 겨우 했는데 이제 뭐든 자발적으로 한다. 무엇을 하든지 모든 것이 다 좋다!

월요일 아침에 아이들을 어린이집에 데려다주고 출근했다. 당연히 일어나자마자 선언문을 읽었다. '2028년 1월 1일 나는 내가 좋아하는 사업과 그림으로 크게 성공한 100억 자산가다!'

선언문과 기분 좋은 글귀도 적어서 회사에 가져와 컴퓨터 모니터에 붙였다. 나는 소중하다. 내 삶에 풍요가 넘친다. 밤낮으로 돈이 들어온다. 나는 내 일에 최선을 다한다. 나는 운이 좋다.

신기하게도 하루 종일 좋은 얘기들만 보이고 들린다. 일 잘하는 사람 얘기, 투잡으로 돈 버는 시간부자 얘기, 관계가 행복한 사람들 얘기…. 모두가 신이 나를 도우려 보내준 소식들이다. 새로운 얘기들 속에서 내 삶에 끌어오고 싶은 걸 기록했다. 점심시간에는 핀터레스트에 들어가서 내가 좋아하는 사진을 잔뜩 검색해 저장했다. 하고 싶은 것, 갖고 싶은 것, 되고 싶은 것 모두 욕심껏 모은다. 시각화 자료로 컴퓨터 모니터와 휴대전화 바탕화면 등 곳곳에 넣어두고 시간 날 때마다 본다. 내 미래를 보여주는 이미지를 볼 때마다 평안하고 그 즉시 행복감이 느껴진다.

열심히 일을 하다 보니 어린이집에 아이들을 픽업하러 갈 시간이 됐다. 퇴근하는데 리조트 세미나에서 만난 분이 문자로 자기 회사의 채용 일정을 알려주었다. 사내에 어린이집이 있다는 바로 그 회사다. 우와! 최고다! 지하철에 올라타 얼마 되지 않았는데 지났는데 앉을 자리가 났다. 럭키! 기분 좋게 털썩 앉았다.

"오늘 정말 운이 좋은 날이네요?" 옆자리 꼬마 아가씨가 말을 건다.

신의 시선으로 나의 미래를 보면

하얀 야구 모자를 눌러쓴 소녀다. 흰 운동화, 통 넓은 바지, 휴대전화를 든 오른손가락에는 특이한 흰색 팔찌가 있다. 나도 모르게 거기 적힌 알파벳을 따라 읽었다. 'ANGEL…YIRE'

"에인…절? 이레?"

나는 소녀의 눈동자를 바라본다. 에메랄드빛과 오묘한 다크브라운의 조화. 이레다! 오늘은 10살 소녀의 모습으로 찾아왔다. 반가워 와락 껴안았다. 언제나 내 곁에 있겠다는 말은 빈말이 아니었다. 이렇게 찾아와주니 정말 고맙다. 반가움에 이레의 손을 잡고 물었다.

"정말 궁금했는데 왜 하필 저였어요? 왜 나처럼 평범한 사람한테 왔어요?" 한번쯤 물어보고 싶었던 말이다.

"평범하다니요? 당신은 하나도 평범하지 않아요. 온 우주를 통틀어 이전에도 이후에도 없을 단 하나의 고유한 존재예요." 이레의 말은 나를 춤추게 한다. "사실 우린 모두에게 다 나타납니다. 사람들이 알아차리지 못할 뿐이죠. 우리는 책, 영화, 우연히 본 문구, 이웃의 말, 휴대전화 문자메시지, 꿈… 다양한 채널로 나타나요."

"그렇구나. 이제부터 여러 채널로 오는 당신을 알아차리는 법을 익혀야겠어요."

이레와 함께한 모든 기억이 내 삶에 각인되어 힘을 발휘할 것이다. 자꾸만 예전으로 돌아가려 할 때도 나를 일깨워줄 것이다. 나는 조용히 이레에게 물었다. "나는… 앞으로 잘 살게 되겠죠?"

"그럼요. 잘 살아요."

"내 미래가 보여요?" 이레라면 다 보일 것이다.

"설명보다 경험이 더 빠를 거예요. 내 눈을 잠깐 빌려줄게요. 이게 바로 신이 보는 당신의 미래예요."

이레가 내 손을 잡았다. 조용히 눈을 감으니 어딘가로 통하는 문이 보인다. 푸르스름한 빛이 나오는 문으로 들어갔다. 벽에 걸린 달력을 보니 10년 뒤다.

"모든 것이 이상적으로 흘러갈 때 당신의 모습입니다." 이레가 말했다.

나는 꽃이 가득한 방에서 그림을 그리고 있다. 흰색 나이키 운동복을 입은 나는 건강하게 그을린 피부에 탄탄한 몸매를 하고 있다. 수수한 화장에 거의 꾸미지 않았지만 우아하고 자신감 넘쳐 보인다.

이번엔 집과 집무실이 보인다. 집은 방마다 특색 있는 컬러로 꾸몄다. 3층짜리 집으로 방이 7개, 화장실이 4개다. 넓은 창으로 푸른 바다가 보인다. 차고에는 멋진 승용차 3대가 세워져 있다. 매일 집에서 일출과 일몰의 아름다움을 느끼며 산다. 종종 아이들과 세계 여행을 한다.

주변 사람들과 운동과 건강, 나눔과 봉사를 주제로 이야기꽃을 피운다. 투자 정보도 공유한다. 나는 사람들의 고민을 해결해주는 채팅앱을 개발해서 큰돈을 벌었다. 투자도 적극적으로 한다. 잠자고 여행 다니는 동안에도 계속 수입이 들어오는 구조를 만들어두었다. 샐러드와 과일주스를 즐기고 친구들과 맥주나 와인도 마신다. 정기적인 기부로 공부하고 싶어 하는 아이들을 돕는데 그들에게서 자주 감사 편지를 받는다. 미래의 내 모습은 어딘지 모르게 익숙하다. 오감으로 느껴지고 모든 것이 사실처럼 생생하다.

나는 미래의 나에게 다가갔다. 이럴 수가! 바로 천국에서 만난 성공자의 얼굴이다. 그 사람이 미래의 나였구나! 미래의 내가 나를 보며 웃는다. 좋은 기분이 온몸에 가득 찬다. 가슴이 뛴다. 내 미래가 이토록 빛나다니.

사랑, 믿음, 축복의 눈으로 보라

나는 미래의 모습을 충분히 만끽하고 현재로 돌아왔다. 그런데도 시간은 1초밖에 지나지 않았다.

이레가 말했다. "당신이 느낀 감정이 얼마나 좋은가 깊게 느껴보세요. 두려움의 눈은 내려놓고 신의 눈으로 보세요. 신의 눈은 사랑의 눈입니다. 신의 눈은 믿음의 눈입니다. 신의 눈은 축복의 눈입니다. 우주에 완전히 당신을 맡기세요. 그러면 우주의 모든 것을 가지게 됩니다. 과거, 현재, 미래에 당신 삶은 수억만 개나 펼쳐져 있어요. 그중에서 당신에게 가장 좋은 것을 선택하세요. 늘 신의 지혜를 구하세요. 나에게 가장 어울리는 미래를 고르도록 신에게 여쭤보세요."

"그렇게나 많은 선택이 있군요." 모든 것이 내 선택에 달려 있다니 얼마나 기쁜 일인가!

"당신 삶은 최고급 뷔페입니다. 온 세상 모든 음식이 다 차려져 있어요. 제일 맘에 드는 것만 골라 당신의 인생이라는 접시에 담으세요. 미래의 당신 삶에서 본 장면들을 사진으로 뽑아 벽에 붙여두고 상상하세요. 시각화는 원하는 미래로 이끄는 내비게이션 역할을 합니다."

꼬마 아가씨 이레는 내게 윙크를 하고는 홍대 앞에서 훌쩍 내렸다. 이제 어떤 순간에 어떤 모습으로 이레가 나타나도 잘 알아볼 수 있을 것 같다.

집에 와서 신의 눈으로 본 나의 미래와 가장 비슷한 사진들을 추려보았다. 거기서 내가 입을 옷, 집무실, 크루즈와 레스토랑, 살 게 될 집, 방 인테리어, 풍경을 잔뜩 골랐다.

예전의 나는 집에만 오면 지쳐서 아무것도 하고 싶지 않았다. 그러나 이젠 집이 천국 같다. 아이들과 함께 보물지도를 꾸민다. 하고 싶은 것, 갖고 싶은 것, 되고 싶은 것들로 가득한 보물지도를 보면 기쁘다. 내가 이렇게 변하고 나니 아이들도 자신들이 원하는 것을 분명히 이야기한다. 나는 아이들이 필요한 장난감을 살 때마 다 이렇게 스스로를 칭찬한다. "이 돈을 지불할 수 있는 나는 참 대 단해!"

모두 미라클 리조트에서의 경험 덕택이다. 내 삶은 좋은 것에서 더 좋은 것으로 가고 있다.

미래명상을 위한 질문

모든 것이 이상적일 때 당신의 미래로 가봅시다. 5년~10년

뒤 미래를 살펴보세요.

• 경제적 자유를 가진 당신의 모습은 어떤가요?

• 당신이 이룰 수 있는 모든 꿈을 다 이룬 모습은 어떤가요?

• 어떤 표정을 하고 있나요?

• 어디에서 뭘 하고 있나요?

• 자세히 들여다보세요. 얼마나 멋지고 훌륭합니까?

• 당신의 집은 어떻습니까?

    - 내가 원했던 집은 이렇구나! 자세히 들여다보세요.

    - 창을 보세요. 햇살은 어떻게 들어옵니까? 정원엔 어떤

      나무와 꽃을 심었나요? 무슨 향이 나나요?

• 지금 당신의 곁엔 누가 있나요? 그들과 뭘 하고 있나요?

• 어떤 대화를 나누는지 들어봅시다.

• 당신은 어떤 옷을 입고 있나요?

- 당신은 현재 얼마를 가지고 있죠?
- 당신이 소유한 모든 것들을 하나하나 살펴보세요. 차, 건물, 사업체, 책, 미술품….
- 당신은 주로 어디서 누구와 시간을 보내나요?
- 당신은 어느 정도의 생활비를 쓰나요?
- 당신의 부유한 모습은 어떤가요?
   - 당신의 꿈에 도달했을 때 얼마나 행복한지 느껴보세요.
- 여기까지 올 때 가장 어려운 점은 무엇이었나요? 그것을 어떻게 해결할 수 있었나요?
- 미래의 당신이 현재의 당신에게 꼭 해주고 싶은 말이 있다면 알려주세요.

당신 자신이 되세요.

당신만이 갈 수 있는 길이 준비되어 있습니다.

당신을 환영합니다. 괜찮습니다.

당신의 모든 선택이 다 괜찮습니다.

당신이 선택한 모든 길을 응원합니다.

용기를 내세요.

당신이 선택한 모든 삶이 다 온전하고 완전합니다.

무슨 일이 생기든
점점 더 좋아지는 중

수억만 개의 가능성 중에서 선택하라

지하철에서 이레를 만난 지 보름 즈음 지난 저녁 무렵이다. 아이들은 모래 놀이터에서 놀고 있고 나는 새로 지원할 회사에 보낼 자기소개서를 쓰고 있다. 이전에는 천편일률적인 소개서를 억지로 썼다. 하지만 이젠 쓰고 싶은 내용이 너무 많아 오히려 추려야 할 정도다. 하고 싶은 일과 관련된 구체적인 계획과 꾸준한 실행에 대한 내용이 들어간 멋진 소개서다. 신나게 타이핑을 치고 있는데 옆에서 누군가 말을 걸었다. "잘 지냈어요?"

이레 목소리다. 앗싸! 정말 딱 좋은 시간에 와주었다.

"이레 안녕. 반가워요. 안 그래도 묻고 싶은 게 있었어요. 스윙월드의 삶이 다 플러스란 게 무슨 뜻인지 알 것 같아요. 난 아직 스윙월드에 있지만 그래도 재미있거든요."

"오! 벌써 거기까지 경험했어요? 대단해요. 하산해도 되겠는데요."

이레는 응원하듯 손바닥을 들었다. 나는 자연스레 하이파이브를 했다. 경기에서 한 골을 넣은 기분이다.

"우주가 볼 때 인간은 모두 아기처럼 사랑스럽고 귀여워요. 우주의 나이는 120억 년에서 1조 년이라고 추정하잖아요. 그러니 인간 나이 100년이면 얼마나 앙증맞아요? 설령 실수해도 혼내거나 다그칠 필요 없어요. 귀여운 인간이 완성을 향해 가는 과정일 뿐이니까요. 모든 일은 점점 더 좋아지고 있어요. 모든 일은 소원이 이루어지는 증거입니다. 모든 것을 겪는 것이 중요해요. 직접 겪으면서 울고 웃고 아파하기도 하세요. 그것만이 삶의 감정을 온전히 느끼는 방법입니다. 여행, 사랑, 요리 뭐든 시행착오를 할 때라야 추억이 생깁니다. 그거 알아요? 아무 고통이 없는 행성 사람들은 감기에 한번 걸려 보고 싶어 몇 천만 원씩 낸다는 거?"

"감기 한번 걸리려고 돈을 낸다구요?" 참 재밌다.

"그래요."

"놀이동산으로 뛰어오는 어린아이처럼 영혼은 늘 지구에서의 체험을 고대하고 손꼽아 기다립니다. 연극 주인공이 되어 여러 시나리오를 통해 희로애락을 만끽하지요. 그러니까 조급해 말아요. 당신이 지금 택한 것이 지금 이 순간의 최선이며 정답이에요. 아무 걱정 말아요. 당신은 아주 잘하고 있어요. 처음보다 스윙월드에 대해서도 잘 알고 있잖아요."

온몸의 힘을 빼면 진정으로 스윙하게 된다

"스윙월드에 대해서 좀 더 이해하고 싶어요."

이레는 기다렸다는 듯 스윙월드에 대해 자세히 설명하기 시작했다.

"모든 인간은 2개 세상에 머물러요. 레인보우월드와 스윙월드입니다. 지난번에 가봤듯이 스윙월드는 블랙동과 그레이동으로 되어 있어요. 블랙동은 거의 완전한 암흑이고 그레이동은 잿더미입니다. 반면 레인보우월드는 총천연색 무지개빛입니다."

이레의 말을 시작으로 갑자기 수천 기가바이트의 정보가 순식간에 내게 전달되었다.

"우리가 있는 모든 곳이 레인보우월드예요. 그 안에 스윙월드가 있습니다. 그런데 스윙월드 안에 있으면 시야가 좁아져서 레인보우월드의 존재를 잊게 됩니다."

이레는 스윙월드 엘리베이터 안에서 보았던 조감도를 다시 한번 보여주었다. "맞아요. 으으… 저 무시무시한 스윙월드 블랙동이 생각나네요." 기억을 떠올리니 팔에 소름이 돋는다.

"블랙동은 수치심8층, 죄의식7층, 무기력6층, 슬픔5층, 두려움4층 층으로 이뤄져 있어요. 아무것도 보이지 않아서 두려움도 제일 큰 곳이지요. 완전한 어둠속에서 프로그램 목소리만 들립니다. 에너지와 진동수 모두 낮고 무겁습니다. 그곳에 머무는 사람은 힘이 완전히 빠져서 행복도 꿈도 희망도 없다고 생각합니다. 뭔가를 시도하다가도 곧 나는 죄인이고 부족해서 안 된다고 포기합니다."

"맞아요. 웅크리거나 완전히 늘어져 있었어요. 살아도 산 게 아닌 산송장 같은…."

• 스윙월드 블랙동(4~8층) 사람들의 특징

"내가 제일 못났으니 날 좀 봐줘"

1. 잘 웃지 못하거나 어색하게 웃는다. 과장되게 웃으며 마음을 감춘다.

2. 말실수 할까봐 두려워서 말을 잘 하지 않는다. '너 때문이야'라는 말이 입에 매달려 있다.

3. 듣기만 하고 자신의 의견을 숨긴다. 자신의 감정을 표현했다가 혼났던 기억이 있다. 괜찮은 척하지만 전혀 괜찮지 않다.

4. 사람들과의 만남을 피한다. 점점 더 고립된다. 믿을 만한 사람도 물어볼 사람도 없다.

5. 자기 의견 없이 남이 하자는 대로 하는 편이다. 어른이 시키는 대로 해야 착하다는 말을 듣고 자란다.

6. 남 앞에 서는 걸 두려워한다. 욕먹을까봐 자신의 능력을 감춘다.

7. 갈등이 생기면 관계를 끊고 잠수 탄다. 그러다 외로우면 다시 관계를 만들지만 친해지면 관계를 끊길 반복한다. 버림받을까 두려워서 미리 도망치는 것이다.

8. 자신을 함부로 대하는 사람들 속에서 자랐다. 자신은 운이 없으며 자신을 좋아하거나 이해할 사람은 없다고 생각한다. 자신을 소중히 여기지 않는다.

9. 중독이나 강박이 있으며 고집이 세다. 하나도 주지 않고 몽땅 가지려고 한다.

10. 머리가 복잡해 밤에 잠을 잘 자지 못한다. 오래되거나 타거나 신선하지 않거나 화학조미료가 많이 들어간 음식을 아무런 경계 없이 먹는다.

"이게 뭐야? 이거 전부 다 나잖아요. 헐~."

"대부분의 사람들은 블랙동에 가본 기억이 있어요. 무서워서 시키는 대로 한 적이 있다면 블랙동에 머물렀단 뜻이지요. 이들은 프로그램의 목소리에 완전히 세뇌된 상태입니다. 남 눈치 보는 데 챔피언이죠. 윽박지르면 겁을 먹고 싫어도 시키는 대로 합니다. 자신의 선택이 없이 질질 끌려 다니는 수동적 삶을 삽니다. 인생 영화에선 피해자 역할을 즐겨 맡죠."

"얼마나 힘이 들까요? …"과거의 내가 떠오른다.

"평생 본심을 감추고 살아야 하니 괴롭지요. 그들은 자기감정을 억누르는 데 천재적이에요. 괜찮은 척, 안 아픈 척을 정말 잘합니다. 괴롭힘 당해도 말을 못해요. 가족이나 가까운 이가 부당하게 당하는 것을 보며 자랐습니다. 그래서 당하는 데 익숙합니다. 자신도 당하는 삶을 살고 아이에게도 당하는 삶을 물려줍니다. 프로그램에 세뇌당해서 '감정을 표현하면 안 된다. 먼저 사과해라. 참아라.' 같은 말을 그대로 따라 합니다. 탈출구가 있어도 용기가 없어 혼자 갈 수 없습니다. 수치심과 죄책감이 최고조인 상태죠. 여기에선 스스로 목숨을 끊는 경우도 발생합니다. 다른 선택이 있다는 걸 모르기 때문에 벌어지는 일이지요."

"안타까워요."

"그러나 변화가 생길 수 있습니다. 코끼리 그네를 감싸는 쇠사슬은 길이 제한 없이 늘어날 수 있어요. 만약 8층에서 시작된 쇠사슬이 쭉욱 길어져서 이들이 3층까지 내려온다면 뭐가 보일까요?"

성공과 승리를 위해 달리는 그레이동

"8층은 정말 어둡지만 아래층으로 갈수록 점차 어두움이 옅어졌어요. 4층 정도까지 가면 여전히 진한 회색이 앞을 가려서 보기 불편하지만 완전한 암흑에 비해선 감지덕지겠죠." 나는 스윙월드 상공에서 보았던 걸 떠올렸다.

"맞아요. 블랙동이 아닌 세상이 존재한다는 것을 알게 됩니다. 그레이동을 발견하게 됩니다. 블랙동 사람들은 그레이동이 제일 부러워요. 그레이동 사람들은 열정적이고 존재감도 있고 의욕적이거든요. 그래서 블랙동에서 그레이동으로 가겠다는 새로운 목표를 세우게 됩니다. 그레이동으로만 가면 모든 게 해결되리라는 희망이 생깁니다."

"뭔가 의식이 확장된 느낌이긴 하네요."

"맞아요. 의식이 확장되면서 암흑의 블랙동에서 탐욕의 그레이동으로 가게 됩니다. 그레이동은 스윙월드의 3, 2, 1층이었죠? 각각 욕망 층, 분노 층, 자존심 층입니다. 이곳의 특징은 열정이고 모두가 '내가 제일 잘났으니 날 좀 봐줘. 왜 내가 최고인데 날 무시하느냐?'고 말합니다."

- **스윙월드 그레이동(1~3층) 사람들의 특징**

"내가 제일 잘났으니 날 좀 봐줘"

1. 욕망이 이글이글 타오른다. 꼭 1등을 하고 싶다.
2. 자랑하고 싶어 미친다. 자기가 얼마나 잘났는지 온 세상에 알리고 싶다. '내가 최고야!'라는 말이 입에 매달려 있다.
3. 무조건 자기 의견대로 하는 편이다. 자신의 의견을 과감하게 말한다. 다른 사람과 대립되는 경우 상대를 바보 취급한다.
4. 주인공이 되고 싶어 한다. 주변에 사람은 많지만 들을 귀가 없다.
5. 인정받고 싶어 자신의 능력을 마구 드러낸다. 과장하는 경향이 있다.

6. 갈등이 생기면 응징한다. 그러다 외로우면 다시 관계를 만들지만 친해지면 관계를 끊고 금세 새로운 관계 속으로 들어간다. 풍요 속 빈곤처럼 마음 털어놓을 상대는 없다.

8. 나는 이렇게나 노력하며 사니까 당연히 나를 좋아할 사람이 많을 것이라 생각한다.

9. 중독이나 강박이 있으며 고집이 세다. 조금 주고 많이 받으려 한다.

10. 머리가 복잡해 밤에 잠을 잘 자지 못한다. SNS에서 소문난 맛집은 무조건 가야 한다. 지금 이 순간에 머물기보다 인증샷 찍느라 바쁘다. 남들이 나를 어떻게 볼까 전전긍긍한다. 남들에게 사랑받기 위해 몸매 관리에 열중하지만 과식, 폭식의 유혹에 자주 빠진다.

"어? 이것도 제 이야기 같아요."

"그럼요. 그레이동 사람들 역시 프로그램의 목소리에 세뇌된 상태입니다. 이곳에는 가짜 행복, 가짜 꿈, 가짜 희망이 있습니다. 가짜를 진짜라고 착각하고 그걸 향해 달리죠. 그래서 늘 불안한 마음이 있고 그걸 감추려고 척을 합니다. 행복이 뭔지 모르면서 행복한 척을 하고 가진 척 있는 척 아는 척 잘난 척합니다. 그레이동에선 욕망에 사로잡혀 모든 것을 희생시킵니다. 내가 부족하니까 노력을 해서 채워야 한다고 생각합니다."

"맞아요. 저도 쉬지 않고 야근을 밥 먹듯 했어요."

"그레이동에는 일중독자가 많습니다. 호랑이 같은 상사도 많고요. 이들은 실제보다 과장되고 부풀려져 있습니다. 그래도 블랙동에 비해선 스스로 선택하고 능동적으로 살려 하는 편입니다. 인생 영화에선 가해자 역할을 맡죠."

"알 것 같아요. 1등을 해야 한다며 채찍질하는 상사가 그레이동 사람이고, 울면서 자기 일정 다 포기하고 끌려가는 어리바리한 신입사원이 블랙동 사람인 거네요." 나도 둘 다 해봤다.

"블랙동과 그레이동을 합치면 스윙월드가 됩니다. 어리바리한 신입사원이 시간이 흘러 호랑이 상사가 되기도 합니다. 호랑이 상사가 나중에 '내가 이러려고 열심히 살았나?' 한탄하기도 합니다. 블랙동과 그레이동 사이를 열심히 스윙합니다."

"아… 정말 익숙한 장면이에요."

"아무리 애써도 소용없다는 걸 알게 되는 사람들이 그레이동에서도 생겨나요. 그토록 원했던 돈, 명예, 성공을 얻은 다음 갑자기 무너집니다. 다 이루었어도 불안한 마음이 가시질 않아요. 그래서 한순간에 다 포기하고 블랙동으로 이동합니다."

"블랙동과 그레이동 사이를 이동할 때도 계속 스윙월드 그네에 탄 상태겠죠?"

"맞아요. 스윙월드 안에서 이동은 모두 두려움에서 두려움으로 옮겨가는 것일 뿐입니다. 스윙월드에서 레인보우월드로 갈 때라야 비로소 두려움에서 사랑으로 갈 수 있습니다."

돈의 그릇이
점점 더 넓어지는 연습

먹구름도 푸른 하늘 안에 있다

"어떻게 하면 레인보우월드로 갈 수 있어요?"

"스윙월드에서 기회를 잡으면 됩니다. 스윙의 양 극단에 도달할 때 관점이 변할 수 있습니다. 처음으로 시선을 스윙월드 밖으로 돌릴 수 있게 됩니다. 스윙월드의 양 극단은 건물의 끝부분이라 한 번도 보지 못했던 총천연색 무지개빛이 보여요. 그것이 바로 레인보우월드입니다. 그래서 사람들은 처음에 놀라고 낯설어 합니다. 흑백TV에만 살다가 컬러TV로 옮겨진 것 같은 충격이지요. 그때 두려움 없이 자신의 진정한 모습을 바라보면 스윙월드를 벗어나 바로 레인보우월드로 이동할 수 있어요. 그렇게 눈을 떴을 때 자신이 레인보우월드를 단 한 번도 떠나지 않았음을 기억하게 됩니다. 스윙월드에 갇혀 보지 못했던 레인보우월드를 인식하는 것이지요. 사람들은 이것을 기적이라 부릅니다. 순간적으로 의식이 확장되는 것 말이에요."

"저도 하루 빨리 레인보우월드로 가고 싶어요."

"당신은 이미 레인보우월드 안에 있어요."

나는 멍한 표정으로 이레를 바라본다. 이게 무슨 소리일까?

"잘 이해가 안 가죠? 쉽게 설명해볼게요. 푸른 하늘이 있고 먹구름이 있어요. 먹구름 안에 있으면 뿌옇고 잘 보이지 않아요. 하지만 먹구름 밖으로 나오면 자신이 이미 푸른 하늘 안에 있었다는 것을 알아차리게 됩니다. 구름도 하늘 안에 있으니까요. 마찬가지예요. 모든 사람들은 이미 레인보우월드에 있습니다. 단지 레인보우월드 안의 스윙월드에 일시적으로 머무는 거죠. 여기서 일시란 때로 인간의 인생 전체가 되기도 합니다."

"내가 먹구름에 사로잡혀 보지 못했을 뿐 이미 푸른 하늘 안에 머문다는 거군요! 기뻐요. 이제 먹구름에서 시선을 떼고 하늘을 보며 살고 싶어요."

존재만으로 행복한 레인보우월드

"레인보우월드는 지혜의 세상입니다. 스윙월드를 포함한 모든 곳에 위치합니다. 스윙월드가 검정과 회색빛의 공간이라면 레인보우월드는 총천연색입니다. 다채로운 무지개빛과 흰색, 투명한 색까지 총 9단계의 컬러가 존재하지요. 블랙동과 그레이동의 스윙월드가 8단계이고 레인보우월드가 9단계니까 총 17단계로 온 우주의 의식을 설명할 수 있어요.

• 레인보우월드 사람들의 특징

1. 이미 모든 것이 충분하다. 딱히 가지고 싶은 것이 없다. 뭘 봐도 부럽지가 않다. 이미 모든 것이 충분하다. 원한다면 뭐든 가질 수 있음을 안다.

2. 자랑하고 싶은 마음이 없다. 자랑하지 않아도 빛나는 존재임을 잘 알고 있다. 말하지 않아도 존재 자체에서 '감사합니다, 사랑합니다, 축복합니다'의 좋은 느낌이 전달된다.

3. 귀가 순해 다른 사람의 의견을 많이 들어준다. 흑백논리가 없어 감정에 걸림이 없다. 세상 누구와도 잘 어울린다. 만나는 사람들에게 희망과 용기를 불어넣어준다. 존재만으로 위로가 된다.

4. 누구나 주인공이 될 수 있다고 알려준다. 상대의 장점, 좋은 점만 골라보고 오래 기억한다. 어딜 가든 빛과 사랑만 보인다.

5. 자기 존재에 대한 불안이 없다. 과장, 비하가 없다. 언뜻 보면 수수하고 평범한 모습이다. 언제 어떤 모습이어도 자연스럽고 빛난다. 자신의 존재를 정확하게 아는 데서 오는 자존감이 있다.

6. 거절을 편안하게 한다. 자신이 할 수 없는 것과 할 수 있는 것의 경계가 분명하다. 외로움도 없다. 혼자 있어도 편하고 함께 있어도 행복하다.

8. 온 세상에 좋아하는 것 천지다. 신의 눈으로 세상을 바라본다. 자신도 사람도 세상도 다 좋아한다. 가는 곳마다 꽃이 피어나고 별이 반짝인다.

9. 고집이 아예 없다. 귀가 순해 대부분 양보하기에 아무런 갈등이 없다. 잘 주고 잘 받는다. 상대에게 아무런 기대도 하지 않는다. 있는 모습 그대로 사랑하고 사랑받는다.

10. 머리만 대면 어디서든 잘 잔다. 깨끗하고 신선한 음식, 부담을 주지 않는 맑은 음식을 적당히 먹는다. 생명을 소중히 여기기에 과식하는 경우가 거의 없다.

"와! 세상에 이런 사람이 있어요? 성인이나 도인 아니에요? 이런 사람들만 있는 세상은 살맛나겠어요."

"세상에는 이런 사람들이 정말 많아요. 하루도 이런 사람이 되어가고 있고요."

이레의 칭찬이 부끄러우면서도 기분 좋다. "아이고~ 쑥스러워라. 이레는 레인보우월드 소속 맞네요. 어떻게 좋은 점만 딱 골라봐주는지!"

"알아봐줘서 고마워요. 그럼 계속 알아볼까요? 레인보우월드의 의식수준은 용기, 중용, 자발성, 포용, 이성, 사랑, 기쁨, 평화, 깨달음입니다. '넌 잘할 수 있어. 양쪽 이야기 다 들어볼까? 뭘 도와줄까? 그래 그럴 수 있어. 널 진심으로 이해해. 네가 자랑스러워. 고마워. 사랑해. 우리는 하나야.…' 이런 높은 의식의 표현을 자주 씁니다. 프로그램의 세뇌에서 완전히 벗어난 상태죠. 이곳엔 행복, 꿈, 희망이 있습니다. 평온하고 불안이 없는 상태입니다. 특히 자기 존재에 대한 불안이 없습니다. 누가 보든 보지 않든 관계없이 행복합니다. 그레이동 사람들의 특징인 위로 부풀어진 에고과장나 블랙동 사람들의 특징인 아래로 꺼진 에고비하 없이 일상을 평온하게 살아갑니다. 스윙월드에선 어디로 가든 두려움에서 두려움으로의 이동입니다. 반대로 레인보우월드에선 어디를 가든 사랑에서 사랑으로의 이동입니다."

생각, 느낌, 말이 천국을 만든다

"우와, 여기가 최고네요! 잠깐만요. 레인보우월드에서 쓰는 말은 모두 이레가 쓰는 말인데요?" 내가 이레와 만나면 평안을 느끼는 이유인 듯하다.

"그렇죠. 모든 천사는 다 레인보우월드의 최상위 의식을 가지고 있어요. 레인보우월드 1단계에서 7단계인 빨주노초파남보, 8단계 흰색, 9단계 투명색 중 천사들은 모두 투명색에서 태어납니다."

"레인보우월드에 머물다가 다시 스윙월드로 가는 경우도 있나요?" 갑자기 궁금증이 일었다.

이레가 답했다. "그럼요. 레인보우월드에 머물다가 사랑이 약해지면 먹구름 속 스윙월드로 돌아가기도 해요. 그런데 스윙월드 사람들을 돕기 위해 일부러 가는 경우도 있답니다."

"왜죠?" 좋은 곳을 떠나 일부러 스윙월드로 간다니 이해가 되지 않는다.

"저도 하루를 만나러 여기 왔잖아요. 사랑에는 이유가 없어요." 이레가 미소 짓는다. 그렇다. 이레가 날 만나러 오지 않았다면 나는 아직도 스윙월드가 세상 전부라고 믿고 살았을 것이다. 날 찾아 먼 길을 와준 이레에게 고맙다.

"감사합니다. 레인보우월드에서 볼 때 스윙월드는 지옥 같을 텐데요."

"레인보우월드에서 의식의 밝기가 500 이상 도달한 사람들은 어딜 가나 천국으로 만들 수 있는 힘이 있어요. 어디서나 있음과 감사를 발견하는 천재들이죠. 내가 어느 월드에 있느냐보다 중요한 건 내가 어떤 생각을 하고 어떤 감정을 품느냐 하는 것입니다. 어디 있든 존재와 감사 안에 머물면 지혜의 길이 보여요. 분열된 의식을 내려놓고 스윙월드를 떠나 일치된 의식 안에 머무르세요."

"스윙월드와는 영원히 굿바이하고 싶어요. 지치고 힘들거든요. 신은 왜 굳이 레인보우월드 안에 스윙월드가 생겨나도록 허락하셨던 걸까요?"

"음…. 제가 이해한 대로 알려드릴게요. 놀이동산에서 롤러코스터를 원 없이 타면 어떤 마음이 들어요?" 이레가 물었다.

"생각만 해도 어질어질하네요. 원 없이 충분히 즐겼다면 정말 만족해서 더 이상 타고 싶지 않겠죠."

"인생도 마찬가지에요. 사람은 스윙월드 속 극단과 극단을 오가는 경험을 통해 깨닫습니다. 100원이 생각보다 무거운 돈이라는 것과 1억이 생각보다 가벼운 돈이라는 것을요. 그래서 어느 순간 더 이상 아래로든 위로든 힘을 줄 필요가 없다는 것을 알게 됩니다. 아래로 힘주는 것은 자기비하이고 위로 힘주는 것은 탐욕이라는 것을 알고 모두 내려놓게 됩니다."

"최근에 읽었던 글이 떠올라요. 한 자산가의 글이었어요. 그는 남에게 자랑할 것이 있다면 연매출 1조나 직원 1만 명이 아니라고 했어요."

나는 서둘러 휴대폰 사진첩을 뒤졌다. 거기 그 글의 원문이 있었다. '다만 내가 남에게 자랑할 것이 있다면 그건 재산을 쌓기 이전에 돈 없이도 행복할 수 있는 삶의 방식을 배웠다는 점이다. 나는 언제나 사치에 관심을 갖지 않는다. 직원 수의 많고 적음과 상관없이 괜한 위엄을 가지려고 하지 않으며, 가난했을 때 먹던 음식과 잠자리가 불편하지 않다. 100원의 무서움과 1억의 가벼움을 동시에 느끼며 내가 만났던 사람을 잊지 않으니 언제라도 행복하다. - 김승호,《알면서도 알지 못하는 것들》'

"신은 스윙월드를 통해 자유를 주고 있어요. 모든 집착을 내려놓고 0이 되어 가벼워지길 바라는 거군요." 하나의 깨달음이 나를 스치고 간다. 이레가 0이 되는 순간이 기회라고 했던 말이 이거였구나!

힘을 빼면 우주가 당신의 조력자가 된다

"사람들은 짙은 어둠속에서 가장 간절하게 빛을 발견합니다. 극한의 현실에서 가장 열심히 신을 찾습니다. 그땐 완전히 힘을 빼게 되죠. 위로도 아래로도 힘주지 않게 됩니다. 에고의 힘이 사라지고 우주의 힘만 남아요. 그렇게 에고의 힘을 온전히 빼고 내어맡길 때 온 우주가 도와줄 수 있게 되지요."

"힘을 뺀다…?"

"완전히 힘을 빼면 진정으로 스윙할 수 있게 됩니다. 완전히 힘을 빼면 자기 안의 신성이 드러나게 됩니다."

인간은 때로 극단을 오가는 인생 체험을 통해 세상을 경험하고 성장한다. 대조의 경험을 통해서 관계와 세계를 이해할 지혜가 생긴다.

"하나 여쭤볼게요. 예전부터 궁금했어요. 우리가 스윙월드에서 두려워하고 고통 받을 때 신은 어디 계실까요?"

"신은 우리와 함께 스윙월드 안에 있습니다. 신은 우리와 함께 풍랑 속에, 요동치는 폭풍 속에 계십니다. 사람들은 가끔 현실 속에 숨어 있는 신을 알아차립니다. 그리고 이미 모든 것이 충분함을 고백하게 되지요. 신은 지금 이 순간 우리와 함께 있습니다."

"지금 이 순간 우리와 함께 있다…. 전 아직 눈이 어두워서 잘 보이지 않았던 모양이에요." 안타깝다.

"걱정 말아요. 결국은 보게 될 거에요. 떠난 과거는 붙잡을 수 없고 아직 오지 않은 미래도 잡히지 않아요. 하지만 신은 바로 지금 이 순간에 있어요. 도망치지 않고 지금 이 순간에 머무를 때 우리는 신을 만납니다."

"그래서 진짜 기적은 지금 이 순간에 나타나는 거군요!"

당신은 온 우주의 사랑을 받고 있다

"신은 늘 우리가 당신을 발견하길 기다리십니다. 드러난 신성은 모든 것을 변화시킵니다. 신의 도움으로 없던 길도 생겨납니다. 실제는 늘 있던 것인데 눈이 맑아져서 새롭게 보이게 되지요. 그러니 더 이상 신을 기다리게 하지 마세요. 신의 시선이 머무는 곳을 함께 바라보세요."

신은 무엇을 보고 싶어 할까? 신은 어디에 시선을 고정할까? 돈은 필요 없으실 거고. 뭘까? 만약 나라면? 나는 늘 우리 아이들을 보고 있다. 그렇다면 신도 나처럼 틈나는 대로 사랑하는 아이들을 보고 싶어 하지 않으실까?

"신이 보고 싶어 하고 돌보시는 작은 아이는 누구일까요?" 내 생각을 읽고 이레가 나지막이 물었다.

답을 떠올리는 순간 온몸의 모든 세포가 진동한다. 뮤지컬의 한 장면처럼 세상의 모든 존재가 내게 노래를 불러준다. 풀, 꽃, 바람, 별, 나비, 새, 강아지, 무지개, 구름, 하늘, 땅이 노래한다. 신은 너를 너무 사랑해! 나는 안다. 신이 눈에 넣어도 아프지 않을 만큼 사랑하는 존재가 누구인지! 나는 온 우주가 사랑하는 작은 아이다.

"신은 당신 안의 숨겨진 빛을 봅니다. 감춰진 빛을 드러낼 때 당신은 자유 그 자체가 됩니다. 감정에 끌려가지 않고 감정을 끌고갑니다. 생각에 끌려가지 않고 생각을 끌고갑니다. 운명에 끌려가지 않고 운명을 끌고갑니다. 삶이 당신에게 어떤 재료를 줘도 즐길 수 있습니다. 그 재료를 잘 다듬어 멋진 작품을 창조하는 예술가가 됩니다. 신은 이미 자유가 된 당신을 보고 있습니다. 당신이 힘든 상황에서 고통스러워할 때에도 사랑의 눈으로 당신의 찬란한 미래를 바라보고 있습니다."

"내 안에서 가장 좋은 것만 보시는군요."

"나는 신의 눈으로 당신을 봅니다. 당신에게서 신성만 봅니다. 신은 당신에게서 사랑만 봅니다. 신은 당신에게서 좋은 것만 봅니다. 신은 판단이 없습니다. 신에게는 사랑과 받아들임만 있습니다. 당신이 아이들을 볼 때와 같아요. 사랑스럽고 예뻐서 봅니다. 도움이 필요할까 늘 지켜봅니다. 신도 똑같아요. 당신이 사랑스러워서 자랑스러워서 도와주고 싶어서 보고 있습니다."

휴대전화에 저장된 내 아이들 사진은 때로 옷차림이 엉망이고 얼굴에 뭐가 묻어 지저분하기도 하다. 하지만 모든 것이 너무 사랑스럽다. 내 안에서부터 넘쳐흐르는 이 사랑을 주체할 수가 없다. 신도 나를 그렇게 보시고 있구나! 나는 얼마나 운이 좋은가?

"당신은 신의 일부이며 전부입니다. 당신은 신의 조각이며 모든 것입니다. 지금 이 순간 당신은 사랑 안에 있습니다. 태어날 때부터 지금까지 온 우주의 사랑을 받고 있죠. 이미 선택된 존재니까 자격 따위를 따질 필요가 없어요. 당신은 신의 자녀입니다. 신의 자녀는 존재 자체로 고귀하고 장엄합니다. 눈에 넣어도 아프지 않을 귀한 존재입니다."

모든 소원이
다 이뤄지는 증거

변화하기 시작한 나

서울에 처음 왔을 때 난 열아홉의 가난한 대학생이었다. 두려움과 불안함 속에 살았다. 돈도 없고 어떻게 해야 할지도 몰랐다. 친구들도 모두 비슷한 처지였다. 조언을 구할 사람도 어떤 삶을 살지에 대한 청사진도 없이 무작정 살았다.

그런데 이제 어떻게 삶을 살아갈지 알게 되었다.

나는 이제 스윙월드에 있건 아니건 상관없이 감사하다. 나는 이제 내면을 바라본다. 일도 술술 잘 풀린다. 내 안의 감정을 환영해주고 바라봐주고 흘려보낸다.

스윙월드에 있을 때의 내 특징도 체크해보았다. 스윙월드에 있으면 머리가 뜨겁고 손발이 꽁꽁 얼어붙는다. 머리가 무거우니 망설이게 된다. 의사결정이 느리고 행동도 굼뜨다. 겨우 움직여서 성과를 내도 집에 오면 손가락 하나 까딱할 힘이 없어 쓰러진다.

레인보우월드에 있으면 머리는 시원하고 손발은 따뜻해진다. 머리가 가볍고 자유로우니 손발에 에너지가 가득하다. 뭐든 하고 싶고 할 수 있는 힘이 가득해 의사결정과 행동이 빨라진다. 나는 이런 특성을 이용해 종종 내가 어디에 있는지 알아차리곤 했다. 그러자 주변에서 뭔가 힘이 넘쳐 보인다고 말해주기 시작했다. 기분이 좋다.

꿈꾸는 대로 이직에 성공했다. 새 회사에선 시간으로 일하는 대신 아이디어로 일할 수 있다. 성과급도 잘 준다. 덕분에 더 많은 시간을 아이들과 보낼 수 있다.

나는 이제껏 발에 꼭 맞는 신발을 신은 적이 없다. 어릴 땐 오빠 신발을 물려받아 털거덕거리며 다녔고 커서 큰맘 먹고 사본 예쁜 구두는 아끼느라고 또 발이 아파서 제대로 신지 못했다. 임신해선 발이 너무 부어서 남편의 큰 슬리퍼만, 아이를 낳고 난 뒤엔 기동력을 위해 운동화만 신었다. 운동화조차 내 맘에 드는 것은 사지 못했다. 나는 하얀 운동화를 사고 싶었지만 매장에는 거의 가보지 못했다. 내가 원하는 건 예산보다 비쌌고 맘에도 안 드는 신발을 권할 때 거절할 수 없어 난감했기 때문이다. 대신 인터넷에서 제일 싸고 때 안 타는 걸 샀다. 내 취향은 평생 '제일 싼 것'이었다. 한 번도 왜 발이 불편한지, 발에 맞는 신발이 있을지 생각해보지 않았다. 싸기만 하면 발에 안 맞고 불편해도 당연하게 여겼다.

이레를 만난 뒤 처음으로 매장에 가서 신발을 제대로 신어보고 샀다. 마음에 드는 하얀 운동화다. 내 발에 꼭 맞는 좋은 신발을 신으니 날아갈 것 같다. 새 신을 신고 걸으니 매일이 기적 같다.

어느 날인가 매일 아침 걷고 싶다는 생각이 들었다. 따로 짬 내기가 어려워 아이들이 잠든 5~6시에 혼자 만보걷기를 한다. 예전엔 오래된 음식, 인스턴트를 많이 먹었는데 이젠 신선하고 몸에 좋은 걸 주로 먹는다. 그러다보니 저절로 체중이 5킬로그램 정도 빠졌다. 다들 젊고 건강해 보인다고 말한다.

'아싸! 돈 들어오고 살 빠진다!' 이 확언을 노래처럼 부르고 다녔는데 그대로 되고 있다. 어쩔 땐 다시 조금 살이 찌기도 하지만 그래도 괜찮다.

여전히 너무 긴장하면 아무것도 안보이고 땀이 줄줄 흐를 때가 있다. 그럴 때면 이레가 알려준 것처럼 땀을 환영해준다. 나를 도와주러 와준 땀의 존재 자체를 고마워해준다. 일상이 삐걱거릴 때도 있다. 잠시 철렁하지만 이내 심호흡을 한다. 멀리서 보면 모두가 플러스라는 걸 알고 실패에서 배운다. 다 괜찮아지고 있다. '성공은 추억이 되고 시행착오는 좋은 경험이 된다'는 말을 기억한다. 그러니 모두 감사할 일뿐이다.

나는 '신의 눈으로 본 나의 미래 모습'을 떠올린다. 여유롭게 여행을 즐기는 모습, 경제적·시간적으로 자유로운 모습…. 그 모습을 부모님, 신, 이레, 천사들이 바라봐줄 걸 생각하면 흐뭇하다.

한꺼번에 성큼성큼 가려고 욕심 부리지 않고 내 속도로 갈 것이다. 멈추지 않고 가다보면 어느새 꿈에 도달해 있을 테니까.

무엇에도 다 괜찮다고 말할 수 있다

내 삶은 원하는 대로 펼쳐지지 않았다. 하지만 돌이켜보면 괜찮았던 게 많았다. 단지 내가 발견하지 못했을 뿐이다. 나는 내 삶 속의 감춰진 밝은 면을 바라볼 것이다. 신은 내게서 사랑만 본다. 신은 내게서 빛만 찾아낸다. 신은 내게서 신성만 본다.

길을 가며 마주치는 수많은 꽃들은 삶을 알려준다. 아스팔트 위, 계단 위, 바위 위, 아주 작은 틈만 있으면 꽃들은 불평하지 않고 최선을 다해 피어난다. 그들은 다양한 빛과 고유함으로 천국이 어떤 곳인지 온몸으로 알려준다.

앞으로 내가 어찌될지는 아무도 모른다. 어느 날 또 다시 프로그램의 말에 속아 넘어가거나 스윙월드에 갇힐 수도 있다. 그러나 아무것도 걱정하지 않기로 했다. 단 하루를 살더라도 천국에서 살기로 결심했기 때문이다. 이제 나는 내가 어디에 있든 상관없이 있음과 감사를 즐기며 살 것이다.

무엇이든 괜찮다. 나는 내 삶 속에 감춰진 밝은 면을 본다. 신이 내게서 사랑과 빛만 찾아내듯이 두려움의 눈이 아니라 신의 눈으로 내 미래를 본다.

인생은 움직이며 흘러가는 것을 거울삼아 아무 움직임이 없는 텅 빈 마음으로 돌아가는 여정입니다. 고통을 거울삼아 고통이 아닌 것으로 돌아가는 여정입니다. 허상을 거울삼아 허상이 아닌 것으로 돌아가는 여정입니다. 영원하지 않은 것을 거울삼아 영원한 것으로 돌아가는 여정입니다. 근원의 사랑이 아닌 것을 거울삼아 근원의 사랑으로 돌아가는 여정입니다. 매 순간 근원의 사랑 속에서 자유로운 삶을 살아가시길 바랍니다.

– 김상운

온 우주가
당신을 축복한다!

가끔은 흔들리는 나

기분 좋게 아이들을 사내 어린이집에 맡기고 열심히 일을 시작한다. 오늘은 회의가 있어 재택이 아닌 회사에서 일하는 날이다. 내가 낸 아이디어가 채택되어 날아갈 듯 신이 난다.

예전에는 일을 벌였다 망한 사람들 얘기만 줄곧 들었다. 내가 움직이지 않아도 되는 핑계를 대기 위해서였다. 그러나 이젠 큰 자본 없이 돈을 번 사례들을 열심히 찾아본다. 얼마나 많던지 깜짝 놀랄 정도다. 알고 보니 부모 도움 없이도 혼자 힘으로 자수성가한 사람들 천지였다. 부동산 투자이나 주식 관련 정보나 1인 창업 같은 돈 되는 정보들도 신나게 찾아보았다.

　스윙월드에 있을 때는 늘 망설이고 두려워하다가 후회하는 패턴이었다. 그런데 스윙월드에서 나오니 눈이 맑아졌다. 두려움이 없으니 시간낭비를 하지 않아도 된다. 정확한 정보를 바탕으로 이게 맞는다는 판단이 들면 재빠르게 실천한다. 물론 그 방법으로 전부 수익을 얻은 것만은 아니다. 때로 실수도 했다. 하지만 넘어지는 것에 대한 부담과 두려움은 없다. 시야를 넓게 가지고 무엇을 해도 빠져나갈 구멍을 마련해둔다. 이젠 걱정하고 두려워할 시간에 대안을 만든다. 가만히 있어도 조금씩 수입은 늘어나고 가족들과 더 많은 시간을 보내면서도 편안하다.

　어릴 때 정신없이 눈사람을 굴리던 느낌이다. 사는 게 이렇게 즐거운 일이었구나 깨달았다. 깨달으니 변하고 변하니 행동하게 되었다. 행동은 즐거움을 안겨주고 그 즐거움은 또 다른 도전으로 이어졌다. 무한 선순환 루프에 들어간 것이다.

　왜 두려워서 그 자리에 엎드려 벌벌 떨고만 있었을까? 이렇게 엄청나게 많은 삶의 방법이 있는데 왜 도전하지 않았을까?

　주말엔 아이들과 함께 신나게 놀러 다닌다. 한 달에 2번 바다보기를 목표로 삼고 전국을 다닌다. 아이들은 흐린 날에도 비 오는 날에도 아랑곳 하지 않고 기쁘게 뛰어논다. 하늘은 하늘답고 사람은 사람답고 바다는 바다답고 해는 해답고 별은 별답다. 세상이 이토록 안전할 줄이야! 나는 여행할 때마다 아이들에게 호의적이고 배려 넘치는 사람들만 만난다. 오며가며 만나는 상인들과 주고받는 말 안에 정감이 넘친다. 가는 곳마다 주차자리가 생긴다. 아무리 바보라도 이런 연이은 융단폭격엔 두 손 두 발 다 들고 인정할 수밖에 없겠다. 온 우주가 우리를 사랑하고 있다. 온 우주가 나를 사랑하고 있다. 두려움의 색안경을 벗으니 온 세상에 사랑만 보인다.

그런데 퇴근 무렵 전화가 한 통 걸려왔다. 오빠다. 돈을 달라고 한다. 예전에도 틈만 나면 몇십씩 빌려가서 갚지 않던 오빠다. 빌려주고 싶어도 돈이 묶여 있어 어렵다. 미안하다며 거절했더니 언성을 높이면서 내게 온갖 욕을 퍼부었다. 내 아이들에게까지 두루 저주의 말을 했다. 그 말이 어찌나 잔인하고 끔찍하던지 악마학교 교재로 써도 손색이 없을 정도다. 전화를 끊고 나니 어깨와 목이 완전히 굳어버렸다. 순간적으로 너무 화가 나서 숨도 잘 쉬어지질 않았다. 눈물이 핑 돈다. 억울하고 속상하다. 겨우 천천히 심호흡을 한다. 마음을 잘 다스렸는데 오빠 전화 한 통에 바로 무너지다니! 씁쓸하다. 재빨리 감정 나침반을 꺼냈다. 내 마음이 점점 어두워지는 것을 알아차린다.

'그래 지금 화가 올라오고 있어. 너무 속상해. 또 스윙월드에 들어가고 있어. 그래도 괜찮아. 이젠 내 마음을 들여다보는 법을 배웠으니까 다시 나올 수 있어. 점점 지혜로워지고 있어. 이레가 늘 곁에서 지켜주잖아. 괜찮아.'

그런데도 이상하다. 괜찮아지지가 않는다. 기분이 점점 가라앉는다. 감정 나침반에 의하면 점점 근원과 멀어지는 중이다. 기분 좋아질 방법을 찾아야 한다. 컴퓨터로 욕, 비난, 화 같은 단어를 검색한다. 화를 다스릴 때 유용한 영상들을 찾아보기 위해서다. 좋은 것을 골라 잠시 마음을 누그러뜨린다.

영상을 보고 있자니 연꽃 이야기가 나온다. 진흙 속에서도 고운 꽃을 피울 수 있단다. 갑자기 연꽃이 보고 싶어 검색하니 가까운 곳에도 연꽃 피는 곳이 있다. 퇴근하면서 아이들과 연꽃을 보러 갔다. 시기가 맞지 않아서인지 꽃은 거의 떨어지고 없다. 넓은 연꽃밭에 둥그렇고 넓은 연잎들만 보였다.

나는 묵묵히 주어진 길을 간다

연꽃이 다 떨어진 잎들을 물끄러미 바라본다. 커다란 연꽃잎에 이슬이 도르르 구른다. 문득 죽음을 경험했을 때의 일이 떠오른다. 엄마 아버지가 주셨던 천국 번역기가 떠오른다.

시간이 한참 지난 뒤 오빠는 내게 무슨 말을 할까? 죽어서 엄마 아버지 영혼을 만나서 펑펑 울고 난 뒤 내게 뭐라고 말해줄까? 천년이 지나 우리가 영혼이 되어 만나면 오빠는 무슨 말을 해줄까?'

마음속으로 천국 번역기를 돌려본다. 울고 있는 오빠가 나타난다. "동생아. 잘못했어. 미안해. 돈 빌려달라고 욕하고 화내서 미안해. 그러지 말았어야 하는데 정말 후회된다. 미안해. 동생아 네가 늘 나를 챙겨줘서 고마웠어. 밥도 주고 설거지도 해주고 빨래도 해주고 너무 고마워. 덕분에 좋았어. 고맙고 사랑해. 힘든 기억은 다 잊고 행복하길 바랄게."

오빠가 싹싹 비는 상상을 하니 기분이 좋았다. 분노도 어느새 모두 날아갔다. 나는 연잎을 한참 바라보고 있었다. 연잎은 그저 지금 이 순간 존재할 뿐인데 보는 것만으로 마음이 평안해진다. 욕을 듣고 화가 나서 잠시 잊었던 신의 마음이 느껴진다. 신의 눈으로 보니 모든 것이 그대로 온전하고 아름답다.

찢어진 연잎, 다 자라지 않은 연잎, 시든 연잎 모두 다 그대로 보기 좋다. 상처입고 우는 나나 돈 빌려 달라고 연락하는 오빠나 모두 신의 눈엔 귀여운 어린 아이일 뿐이다. 어느 새 내 입에서 자연스레 감사의 말이 나온다. "세상은 아름답고, 아이들은 잘 자라고 있어요. 이것으로 충분합니다. 감사합니다."

신이 지금 이 순간 나와 함께 있다는 것을 기억한다. 두려움으로 긴장했던 몸에서 완전히 힘을 빼면 스윙월드에서 빠져나올 수 있다. 그러면 다시 텅 빈 공간이 생긴다. 그곳엔 오직 사랑이 가득하다.

고요함 속에 축제 같은 음악이 퍼져 나온다. 스윙 재즈다! 나는 우주의 스윙 재즈에 몸을 맡기고 마음껏 흔들며 즐긴다. 스윙월드에서 흔들리는 게 아니라 온 우주와 함께 나만의 리듬으로 진정한 스윙을 즐긴다.

제3자의 눈으로 자신의 생각과 감정을 바라보면 부정적인 감정을 완화할 수 있다. 이를 심리학 용어로 '벽에 붙은 파리효과' Fly on the wall effect 라고 한다.

미국 버클리대학교 심리학자 오즈렘 에이덕 Ozlem Ayduk 과 미시간대학교 이선 크로스 Ethan Kross 에 의하면 이 방법을 통해 감정적으로 초연한 관찰자의 제3자 시각을 획득함으로써 부정적인 감정으로부터 벗어날 수 있다.

– 정성훈, 《사람을 움직이는 100가지 심리법칙》

분노는 욕망의 좌절에서 나온다.

나는 다른 사람에게 아무것도 기대하지 않는다.

그래서 남의 행동 때문에 내 마음이 흔들리지 않는다.

– 요가난다, 《영혼의 자서전》

주인공 하루가
드리는 말씀

요즘은 아침에 일어나면 별 이유 없이 기분이 좋다. 밤엔 두 다리 뻗고 편하게 잠든다. 하루 종일 회사 일하고 두 아이 먹이고 씻기고 재우고 정신없는 것은 전과 다를 바 없다. 갑자기 부자 친척을 찾은 것도 아니고 복권에 당첨된 것도 아니다. 그러나 모든 것이 잘되고 있고 더 좋은 것이 오고 있다.

문득 내가 잘 살고 있는 건가 하는 질문에 하늘이 답하는 소리가 들린다.

"뭘 걱정하니? 이보다 더 잘살 순 없지.

애쓰지 않아도 괜찮아. 이미 충분하단다.

너무 잘하고 있어."

아름다운 하늘이 들려주는 부드러운 메시지에 나는 미소 짓는다. 모든 것이 감사한 날들이다. 미라클 리조트에서 천사 이레를 만나기 전과 후의 환경은 달라진 게 없다. 그런데 내 태도가 180도 달라졌다.

이레를 만나고 나는 처음으로 나에게 미소 짓고 싶다는 생각이 들었다. 그래서 거울 앞에 섰다. 처음엔 거울을 보며 "고마워. 나는 너를 사랑해. 나는 너를 응원하고 축복해." 라고 말하는 것조차 어려웠다. 그러나 매일 조금씩 변하고 있었다. 스윙월드에 갇히면 감정 나침반과 천국 번역기를 통해 금세 알아차리고 빠져나왔다. 이런 경험이 반복되며 하고 싶은 것을 맘껏 하고, 실수하고 시행착오를 겪는 내 모습도 너그럽게 바라보게 되었다.

그러자 아무것도 하지 않고 후회와 두려움에 휩싸여 있는 시간이 점차 줄었다. 더 이상 숨거나 있는 척하지 않았다. 무서워도 용기를 낼 수 있다는 것도 배웠다. 무엇보다 나와 내 삶을 향해 진정으로 고맙다고 말할 수 있게 되었다.

나는 앞으로도 자주 하늘을 바라보며 콧노래를 부르며 살 계획이다. 삶이 내게 어떤 재료를 주건 그것으로 만들 수 있는 가장 맛있는 요리를 만들어 즐길 것이다. 당신도 기꺼이 그렇게 하기 바란다.

내가 변했으니 당연히 당신도 할 수 있다. 나는 당신에게 아직 드러나지 않은 무한한 가능성이 있다는 것을 안다.

하늘의 태양부터 달, 별, 바람, 구름까지 당신에게 힘을 더해주고 있다. 당신이 아는 모든 사람과 당신이 모르는 사람들까지, 길에 핀 작은 꽃 한 송이와 이름 모를 풀까지 온 우주의 모든 생명체가 전부 당신을 응원한다. 당신은 언제든 다시 일어설 수 있고 원하는 무엇이든 다 이룰 수 있다.

알아차림과 깨어있음의
놀라운 비밀

이 책의 주인공 하루는 허구의 인물이 아닙니다. 저 자신의 이야기를 바탕으로 만들어진 인물입니다. 하루와 천사 이레의 만남, 미라클 리조트에서의 변화는 지난 20년간 제가 직·간접적으로 체험한 것에 상상을 더해 창작한 것입니다. '하루'라는 이름은 우리에게 선물처럼 주어진 24시간을 의미합니다.

이레의 온화한 메시지를 통해 저는 하루를 포함한 세상 모든 사람들을 응원하고 싶었습니다. 이 책은 스윙월드의 속성을 꿰뚫어 보고 싶은 이들에게 큰 힘이 되어줄 것입니다. 삶의 진실을 발견하고 더 좋은 것을 받아들일 수 있게 될 것입니다.

이 책을 만드는 데 영감을 주신 스승님들께 진심으로 감사드립니다. 10대엔 부모님, 노자, 20대엔 예수, 틱낫한, 소화 데레사, 마더 테레사, 레오 버스카글리아, 한연흠, 30대엔 김승호, 김상운, 루이스 헤이, 바이런 케이티, 에스더 힉스, 40대엔 최희수, 신영일, 엘리자베스 퀴블러 로스, 데이비드 호킨스, 켈리 최의 저서와 기록을 통해 성장했습니다. 스윙월드는 최희수의 《거울육아》, 데이비드 호킨스의 《치유와 회복》에서, 영혼의 이야기는 헬렌 니어링의 《아름다운 삶, 사랑 그리고 마무리》, 켈리 최의 《웰씽킹》에서 아이디어를 얻었습니다.

스승님들의 체험과 영적 나눔은 이 책을 만드는 데 큰 영감을 주었습니다. 먼저 그 길을 겪고 알려주지 않았다면 이 책은 세상에 나오지 못했을 것입니다. 덕분에 구름을 벗어나 푸른 하늘을 바라보며 책으로 정리할 용기가 생겼습니다. 감사합니다.

무엇보다 가족에게 고마운 마음을 빼놓을 수 없습니다. 제게 글 읽는 법을 알려주시고 뭐든 할 수 있다고 응원해주신 부모님과 항상 힘이 되어준 언니, 남편과 아이들에게 이 책을 바칩니다.

이 책은 지금 이 순간이 기적이라는 것을 깨닫도록 도와줍니다. 살아있는 매 순간이 기적이라는 것은 내가 알든 모르든 거부하든 간에 분명한 진리임에 틀림이 없습니다. 하루와 함께 과거를 후회하고 미래를 두려워하는 시간에서 벗어나 지금 이 순간 행복하시길 바랍니다.

• 풍요롭고 행복한 삶을 위한 머니 시크릿 10

1. 생각감정의 낚싯바늘에서 벗어나세요.

자꾸 쳐다보고 집착하면 바늘에 걸립니다. 부정적인 감정, 도움이 안 되는

생각을 버리세요.

2. 소비되는 생각 대신 투자되는 생각을 선택하세요.

낡은 생각을 버리고 힘을 주는 생각, 부자가 되는 생각, 자유와 풍요를 주

는 생각을 채우세요.

3. 세상을 향해 먼저 웃어주세요.

세상은 거울과 같아서 내가 웃기 전엔 먼저 웃지 않습니다. 거울을 깨끗이

하고 먼저 웃어 세상이 나를 돕게 만드세요.

4. 당신에겐 이미 '돈의 신'이 주신 답이 있어요.

길을 헤맬 때는 감정 나침판으로 방향을 잡고 진동수를 높여 다시 근원으

로 돌아가세요.

5. 구걸하는 기도 대신 부자의 기도를 하세요.

찾고 구하고 달라는 결핍의 기도 대신 이미 받았고 충분하고 다 이루었다

는 부자의 기도를 하세요. 돈의 신은 당신의 말이 아니라 느낌을 읽습니다.

6. 주고받을 때에는 무엇이 담겼는지 보세요.

거래의 마음이 아닌 사랑으로 주고받으세요. 결핍의 선물은 오히려 분노와 원망을 만듭니다.

7. 내 몫의 선물을 믿고 감사하며 축복하세요.

우주엔 선물이 가득하단 걸 기억하세요. 당신은 잘될 수밖에 없습니다.

8. 에고의 힘 말고 우주의 힘을 사용하세요.

억지로가 아니라 저절로 이뤄지는 우주의 꿈 원리를 기억하세요.

9. 신의 눈으로 자신을 사랑스럽게 보세요.

무슨 일이 일어나든 점점 더 좋아지고 있으며 결국 사랑이 당신 것입니다.

10. 돈의 신이 차린 뷔페에서 맘껏 담으세요.

신이 주신 것 중에 제일 마음에 드는 걸 골라 인생을 꾸미세요. 한계 없는 삶을 누릴 자격이 당신에게는 충분합니다.

생각이라는 도구는 도둑이 될 수도 있고 친구가 될 수도 있습니다. 생각을 잘못 쓰면 우리가 가진 에너지를 훔쳐갑니다. 생각을 당신이 제일 믿을 만한 베스트 프렌드로 만들면 어떨까요? 생각을 바꾸면 감정이 변하고 감정이 변하면 행동이 변하고 행동이 변하면 운명이 변합니다. 생각을 친구로 만드는 선택은 바로 당신만이 할 수 있습니다.

만약 내가 바꿀 수 없는 어떤 상황이 생긴다면 가장 먼저 감사를 찾으세요. "감사합니다. 감사합니다. 감사합니다!" 말하세요. 그러면 생각이 현실이나 신과 싸우는 대신 온 우주와 협력해서 나를 돕는 친구로 변합니다.

현실이 원하는 것과 달리 펼쳐진다면 마음의 거울을 먼저 보세요. 거울 속 얼룩을 사랑의 눈으로 바라보고 끌어안으면 저절로 사라집니다. 시공간을 최대한 길게 가져가보세요. "하늘에서 내 모습을 본다면? 100년 뒤 오늘을 기억한다면?" 하고 질문해보세요. 인간관계로 속상할 땐 자주 감정 나침반과 천국 번역기를 사용하세요. "무슨 일이 일어나든 점점 더 좋아지고 있다, 더 좋은 게 오고 있다!" 자신에게 반복해서 말해주세요.

환경을 바꾸려고 발버둥치기 전 먼저 마음을 살피세요. 당신이 삶에서 받고 싶은 것이 무엇이든 먼저 그것을 내보내야 합니다. 최선의 것을 주면 최상의 것으로 돌려받습니다. 행복을 받기 위해서 행복을 먼저 내보내세요. 돈 벌어 행복해지겠다고 미루지 마시고 지금 먼저 행복하세요. 당신이 먼저 행복해야 돈도 관계도 풍요도 저절로 따라옵니다.

좋은 감정을 통해 사랑을 보내세요. 모든 걱정에 사랑을 보내세요.

우리의 삶은 매 순간 소중합니다. 아무 걱정하지 마세요. 인생의 모든 순간마다 우리를 성장시키는 선물들이 준비되어 있습니다.

우리는 늘 좋은 상태에서 더 좋은 상태로 향하고 있습니다. 온 우주가 우리에게 걱정하지 말라고 다독이는 이유입니다. 이전에 어떤 생각감정을 썼든 걱정하지 않아도 됩니다. 선택의 힘이 당신에게 있기 때문입니다.

당신은 온 우주가 사랑으로 돌보는 소중한 존재입니다. 하고 싶은 것을 맘껏 하면서 실수하고 시행착오를 겪으세요. 이레와 함께 삶이 주는 재료로 마음껏 당신의 인생을 창조하세요. 당신이 택한 것이 지금 이 순간의 최선이며 정답입니다. 두려워 말고 거울 속 나를 보고 웃어주세요.

"나는 빛이고 사랑이다. 나는 비로소 내가 있어야 할 곳에 도착했다."라고 말해보세요.

스스로를 향한 한 번의 미소가 모든 여정의 시작입니다. 당신은 축복의 통로입니다. 당신으로 인해 세상이 좀 더 아름다워졌습니다.

원한다면 언제든 이 책과 함께 미라클 리조트로 여행을 떠나세요. 당신의 미라클 리조트는 언제나 늘 활짝 열려 있습니다.